JN087990

〈三訂版〉

金融マンのための
担保不動産の見方・調べ方

昭和アセット株式会社 監修

不動産鑑定士
神山大典 著
Kamiyama Daisuke

近代セールス社

推薦のことば

　書店でも不動産関係の書籍を見つけることができますが、そのほとんどが、内容的に難しすぎたり、専門家向けだったりします。これに対し、本書は、不動産の見方や調べ方、評価についての考え方などについて、図表や写真を豊富に盛り込み、とてもわかりやすく、しかも体系的に解説をした、今までにない良書だと思います。

　不動産は、一般の財や株式・債券などと異なり、個別性があり、購入にあたっては、詳細な調査が欠かせません。いい加減な調査で不動産を購入し、その後、価格や賃料を大きく下げるようなマイナス要因が発見されたとしても決して不思議ではありません。

　このような事態に陥らないためにも、不動産の購入にあたっては、まずは、①しっかりと不動産を調査することが大切で、また、②不動産マーケットを見極めることも同じく重要です。本書の読者の多くは、金融機関の融資担当者の方々だと思いますが、不動産融資は、このような特徴を持つ不動産を担保に取り、融資を行うビジネスです。したがって、不動産融資にあたっても、上記2点をしっかり行うことが、リスク管理上、極めて重要になります。

　私は、長年、外資系金融機関の不動産審査の責任者として、不動産リスクマネジメントを実践してきましたが、不動産とマーケットをしっかりと見る目を養うことが融資担当者の第一歩だと考えています。

　本書のページをめくると、不動産の"いろは"から始まり、不動産融資の基本的な事項や担保調査の具体的な手順、不動産を取り巻く様々な行政法規、そして不動産評価の基本的な考え方の紹介、物件の価格に影響を及ぼすような様々な要因とその評価の考え方や方法が丁寧に解説されています。これらの内容は、直接的には、書籍タイトルの通り、金融機関の融資担当者の方々に大いに役に立ち、座右の書として、業務に欠かせない一冊になることは間違いないと思われますが、それ以外の方々、

例えば、企業不動産（CRE）の関係者、個人で不動産を購入しようとしている方、不動産を学ぶ学生さん、若手不動産鑑定士の方など、幅広い読者の方々に役に立つ書籍であると考えます。

　私は本業の傍ら、大学院等で教鞭を執っていましたが、そもそも不動産は難しく、基本的なことを体系だって勉強することは容易なことではありません。しかし、本書を見ていただければ、わかりやすく、しかも役に立つ内容が厳選して掲載してあることに気づきます。これも、不動産評価実績豊富な株式会社三友システムアプレイザルで、長年、不動産評価実務をリードし、不動産担保評価を知り尽くした神山大典さんによる執筆であることが大きいと思われます。

　神山さんは、大変な努力家で、私の古くからの友人でもあります。一人でも多くの方に本書を読んでいただき、不動産の見方や考え方の習得の一助とされることをお勧めいたします。

　2021年7月吉日

中山善夫

（株）ザイマックス不動産総合研究所 代表取締役社長

不動産鑑定士、CRE、MAI、FRICS、CCIM

不動産証券化協会認定マスター

はじめに

　本書は、主に金融機関に勤務する人向けに、不動産、特に担保としての不動産の見方や調べ方、評価についての考え方を中心にまとめました。

　皆さんが日常生活している家や会社は土地と建物、すなわち不動産であり、ほとんどの時間を不動産の上で過ごしているのではないでしょうか。

　普段は特に意識することはないと思いますが、いざ、不動産と向き合う、すなわち、売ったり買ったり、調べたり評価したり、といった局面に立つと、まったくもってとっつきにくいというか、なんとも分かりにくいのが不動産です。

　不動産というものは、ただでさえ分かりにくい上に、担保不動産となると、抵当権の問題や、担保価値にインパクトを与える様々な法規制などが複雑に絡み合い、ますます難解になっていきます。

　バブル経済崩壊以降の担保不動産を取り巻く状況を振り返ってみると、不良債権処理の時代が長く続き、一方で、不良債権処理を背景とした不動産流動化の必要性から不動産の証券化が始まり、投資用不動産の評価のためのDCF法などを用いた収益還元法による評価が主流となっていきます。その後、ファンドバブル、リーマンショック、東日本大震災、アベノミクスによる経済対策、訪日外国人旅行客の増加を経て、2020年初頭からの新型コロナウイルス感染症の流行、東京オリンピックの延期、リモートワークの普及など、我が国は様々な局面を経験し、不動産についても大きな影響を受け、さらに不動産を取り巻く状況は変化し続けています。

　筆者は、このような時代の変化のなかで担保評価だけでなく、地価公示・固定資産税評価業務等の公的評価、企業の再生支援業務、事業譲渡等のお手伝い、金融機関での不動産・担保評価等の研修などを行ってきており、その中で培った経験やノウハウを本書にまとめております。さ

らに今回の改訂に際し、日本全国の不動産売買に豊富な経験を持つ昭和アセット株式会社の監修のもと、担保不動産処分時に係る重要な論点も反映いたしました。

　本書では、「担保不動産」という切り口から、１．不動産についての基本的な知識・考え方、２．必要資料の種類や調査方法、３．不動産を取り巻く公法規制、４．不動産評価の基本的な考え方、５．物件別の評価についての考え方、の５つのテーマに分けて解説し、また、理解を容易にするため、できるだけ図や写真を多く使いました。

　不動産は千差万別で、必ずしも本書ですべてカバーできているとは思いませんが、担保不動産についての基本的な考え方は身に付けることができると思います。そして、本書が読者の方々の業務の一助となれば幸いです。

　なお、出版にあたりましては、株式会社近代セールス社の大内幸夫氏、そして株式会社近代セールス社の方々に大変なご助力をいただき、ここに感謝の意を表します。

　2021年７月

不動産鑑定士　神山大典

目　次

【参考文献】

「不動産担保評価額算出マニュアル」経済法令研究会（2007年）

「新版 これだけは知っておきたい不動産調査実務マニュアル」
　プログレス（2008年）

「別冊判例タイムズ30 競売不動産評価マニュアル 第3版」
　判例タイムズ社（2011年）

「新・要説不動産鑑定評価基準（改訂版）」住宅新報社（2010年）

「土地価格比準表（六次改訂）」住宅新報社（1994年）

「改訂8版 不動産評価ハンドブック」大成出版社（2006年）

「詳解 土地評価事例」第一法規出版（1997年）

「ベーシック 不動産実務ガイド」中央経済社（2013年）

「口語民法」自由国民社（2013年）

第1章

不動産の基本事項

1 不動産とは何か

（1）不動産の定義

　日本では民法86条に「土地およびその定着物は、不動産とする」との規定があり、一般的には、不動産とは「土地と建物」と考えてよいでしょう（図表1-1）。

　当たり前のことですが、海の上や川の上で生活でもしていない限り、土地はすべての生活と経済活動にとって欠くことのできない基盤といえます。そして、その土地をどのように使っているか、すなわち、駐車場、戸建住宅、マンション、オフィスビル、工場、ショッピングセンターなど、その不動産の使われ方によって経済価値が決まってくるといえるでしょう（写真1-1、1-2、1-3）。

図表1-1　不動産とは

民法86条「土地およびその定着物は不動産とする」
土地、建物、これらに関する所有権以外の権利

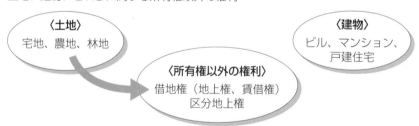

〈土地〉
宅地、農地、林地

〈所有権以外の権利〉
借地権（地上権、賃借権）
区分地上権

〈建物〉
ビル、マンション、
戸建住宅

（2）不動産の価格

　不動産の経済価値は、「価格」としても表示されますが、賃料としても表示されます。そして、ひとつの不動産の上には所有権、賃借権など複数の権利が存することが可能であり、それぞれの権利について価格や賃料が形成され得ます。

　また、不動産、特に土地の特徴は、その場所を動かないこと、増えた

り減ったりしないことが挙げられます。建物についても、そう簡単には動かしたり増えたり減ったりはしません。

写真1-1

▲閑静な区画整然とした住宅地域

写真1-2

▲東京・上野駅周辺
　オフィスと商業店舗などが混在する。容積率が大きく建物の高度利
　用が進んでいる。

　一方で、不動産の利用形態としては、工場跡地にマンションが建ったり、未利用地に太陽光パネルが設置されたりと、その時の社会経済情勢

や人々の価値観によって用途が変わる可能性を持っています（**写真1-4**）。

　不動産は、このような特徴に基づくその時々の利用形態に応じて、価格が形成されるわけです。

写真1-3

▲工業団地内にある工場
高速道路のインターチェンジへのアクセスに優れ、電力、工業用水などのインフラも整備されている。

写真1-4

▲未利用地にソーラーパネルが設置されたケース

2 不動産の単位とは

（1）不動産の数え方

　土地の数え方は、地番ごとに「筆」を、建物は「棟」を使い、土地は1筆（ぴつ）、2筆（ひつ）、建物は1棟（とう）、2棟（とう）などと表現します（**図表1-2、1-3**）。

図表1-2　公図（例）

図表1-3　土地・建物の数え方

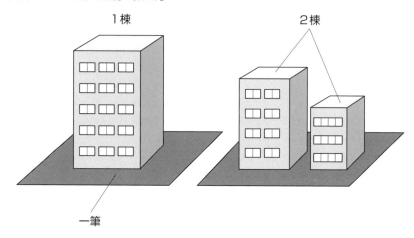

（２）不動産の面積

　面積については、㎡（平方メートル・平米＝へいべい）、坪（つぼ）で表します。

　1坪（ひとつぼ）は約3.3㎡（畳2枚分）です。不動産広告などでは「㎡」表示が多いですが、不動産業界では「坪」で話をすることが一般的です。特に業者さんは「坪」を省略して話すことが多いので、土地単価などについては、坪単価なのか㎡単価なのかよく確認したほうがよいでしょう（図表1-4）。

図表1-4　土地面積の表し方

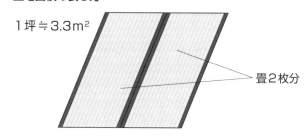

図表1-5　平方メートル・坪換算表

平方メートル	坪	坪	平方メートル
1.0	0.30250	1.0	3.30578
2.0	0.60500	2.0	6.61157
3.0	0.90750	3.0	9.91735
3.3	0.99825		
4.0	1.21000	4.0	13.22314
5.0	1.51250	5.0	16.52892
6.0	1.81500	6.0	19.83471
7.0	2.11750	7.0	23.14049
8.0	2.42000	8.0	26.44628
9.0	2.72250	9.0	29.75206
10.0	3.02500	10.0	33.05785

「㎡」と「坪」を換算するには「0.3025」を使います。

「㎡」を「坪」へ換算するには、3.3㎡×0.3025≒0.9983坪≒1坪

「坪」を「㎡」へ換算するには、1坪÷0.3025≒3.3058㎡≒3.3㎡

　以上より、1坪約3.3㎡となります。ただし、これは概ねの換算です。面積換算は土地の総額に影響を及ぼすので、きちんと行いましょう。特に東京都心などの地価の高い地域では注意が必要です。

　例えば、担保土地が1,000㎡で、地価が1坪100万円とすると、土地価格は総額で3億250万円となります。ざっくりと価格をつかむ場合は概算でも構いませんが、評価を行うときは正確に計算するように心がけましょう。

100㎡×0.3025＝30.25坪

1,000㎡×0.3025＝302.5坪

100坪÷0.3025≒330.58㎡

1,000坪÷0.3025≒3,305.79㎡

図表1-6　度量衡換算表

平方メートル	アール	坪
1	0.01	0.30250
100	1	30.2500
3.30579	0.03306	1
99.1735	0.99174	30
991.735	9.91735	300
9917.35	99.1735	3000

3 不動産の相場観を養う

　同僚や上司との会話や、取引先や業者さんとの仕事の会話のなかで、「あの場所は坪いくらで売れた」とか、「うちの家は坪いくらかかった」などと、不動産に関する話が出てくることがあると思います。実はこのような会話が非常に大切なのです。

　普段から新聞広告、折込みチラシ、不動産業者の店頭広告なども興味をもって見ておくとよいと思います。一度や二度ではなかなか不動産価格相場の感覚はつかめませんが、継続して見つつ、坪いくらなのか自分で計算することを繰り返していると、だんだんと「このあたりの土地は坪50万くらいかな」とか「あの地域の新築マンションの分譲単価は坪150万前後だな」といった感覚が養われてきます（**図表1-7**、**写真1-5**、**1-6**）。

　すると、地域や町名、学区ごとの相場観、工場移転や道路の開通、ショッピングモールの新設など、会話の中に出てくるいろいろな情報を、自分の不動産アンテナがキャッチするようになります。

　ぜひ、試してみてください。

図表1-7　折込みチラシ（例）

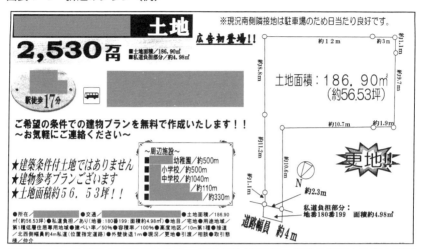

▲敷地延長と私道負担のある売物件。坪単価約448千円。周辺の相場と比較して高いか安いか調べることも勉強になる。

写真1-5

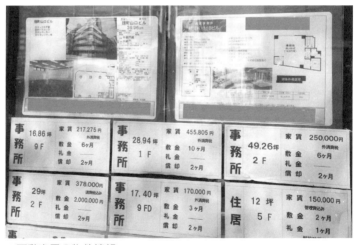

▲不動産屋の物件情報

写真 1-6

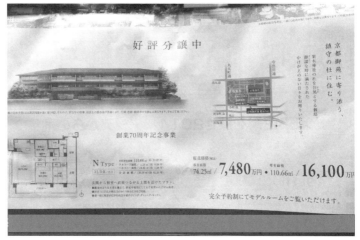

好評分譲中

創業70周年記念事業

N Type

74.25㎡ / **7,480**万円・110.66㎡ / **16,100**万円

完全予約制にてモデルルームをご覧いただけます。

▲新築物件の新聞広告

4 不動産担保とは

　不動産担保は、債務者が破綻したときに換価処分を行い、債権額の回収を図るためのものです。すなわち、担保にとる不動産は「すぐ売れるもの」が望ましいといえます。とはいえ、肉や魚のように店頭に置いておけばすぐ売れるようなものではないため、処分には一定の期間が必要です（**図表1-8**）。

　不動産の担保価値を判断するときは、基本的には「もし自分が買うとしたら、いくらで買うか」という、買う側の立場に立った視点で考えるとよいでしょう。

　また、担保物件は必ず「自分の目で見る」ことが必要です。金融機関では最近、関連会社や外部の調査会社に評価を依頼するため、担保物件を自分の目で見る機会が減ってきていることも多いと思いますが、よほどの遠隔地にでもない限りは、やはり一度は自分の目で見ておくことが必要です。

図表 1 - 8　不動産担保のイメージ

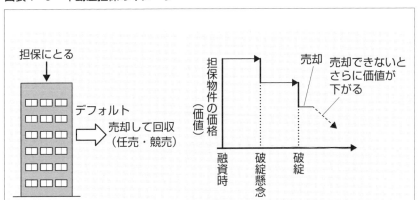

　地方の温泉旅館を例に考えてみましょう。

　インバウンドの減少により稼働率低下が続く→売上の減少→返済が滞る→設備更新もできず老朽化→さらに稼働率が落ちる→返済できず破綻

　破綻に至るまでにはこのような過程をたどることが多く、それに伴い、図表 1 - 8のように債務者区分が落ちていき、評価も下がっていきます。なぜなら、一般的に宿泊施設は収益評価を行うので、売上（純収益）の減少は収益価格の低下につながります。よって、売上の減少に伴い収益価格も下がる（担保評価は下がる）ことになるわけです。

　ただし、債務者区分の変更により評価替えを行うと、担保評価が上がるケースもあります。

　例えば、地価の高い場所にある売上不振の老朽化した旅館などです。収益評価では低い評価になりますが、廃業・建物撤去前提で更地評価をすると従前より高い評価となる場合があります。

　また、積算評価（一般的に正常債権は積算評価が多いと思います）では評価額が低かったが、債務者区分の悪化に伴い収益評価に変えたら評価額が上がるケースもあります。

　このようなこともあるので、宿泊施設のような事業用不動産の担保評価は、当初から収益評価を行っておくことが望ましいといえます。

このような視点や実体験、そして実際に担保物件がすぐ処分できたりできなかったりという経験を通じて、担保不動産に対する感覚というものが養われていくのです。

5 金融機関の融資と担保

　金融機関は、通常、企業や個人から余剰資金を集め、それを原資として資金が不足している企業や個人に融資を行います。融資時には安全性や合法性等の観点から審査し、融資を実行するわけですが、企業であれば不況、個人であれば失職等により返済が滞る場合もあります。

　金融機関は、このような場合でも貸出債権が確実に回収できるようにするため債権保全を図るわけですが、この債権保全手段として「担保」があるわけです。

　担保は通常、「物的担保」と「人的担保」（保証）に分かれ、物的担保はさらに「不動産担保」「動産担保」等に区分されます。

　不動産担保は、土地・建物のほか、工場財団等の各種財団があります。不動産担保の取得方法として、現在は抵当権や根抵当権が利用されています。

⑥ 抵当権とは

（１）抵当権と質権

　抵当権というのは、債権者が一定のものを担保として取るが、債権者がそのものを取り上げずに持ち主や担保として提供した第三者（物上保証人）に使わせておき、貸したお金を返してもらえないときに、この担保に取ったものを金銭に換え、そこから他の債権者よりも先に債務を取り立てることができる権利です。

　担保物権は質権と同じように、お互いの契約によって設けられるものですが、物を担保に取った抵当権者が、その物を自分の手元に置かずに持ち主にそのまま使わせておくという点で質権と異なります。

　抵当権の制度は、お金を借りた者がそのまま担保に提供したものを使って利益を上げられるので、工場などの生産設備などを担保にしてお金を借りるには極めて便利であり、資本主義の発展に伴って急速に発達しました（**図表１-９**）。

図表１-９　抵当権とは

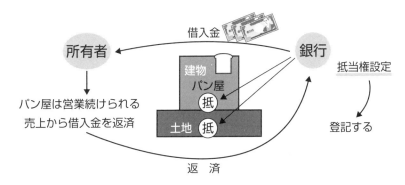

　ただ、こうした便利な制度も、担保となるものを債務者の手元に残しておくため、抵当権があるということを誰にでもはっきり分かるように

しておかなければ、担保制度としての意味を全くなさなくなります。

　そこで抵当権の存在を一般に示す制度、つまり、登記ができるものでなければ抵当権を設定することもできないわけで、結局、抵当権の目的となるのは、不動産が主なものとならざるを得ないわけです。

　そして、前述しましたが、日本では不動産は土地と建物が別個のものと規定されているため、抵当権も土地・建物別々に設定されるのです。

　もっとも、民法以外でも工場抵当法、鉄道抵当法、立木法などによって、特別に工場内の機械や、自動車、立木など抵当権の目的となることのできるものが定められていますが、これらもすべて、登記または登録制度により抵当権の存在が一般に知られることができるようになっている性質のものばかりです（**図表1-10**）。

　抵当権の第三者への対抗要件は、不動産登記法による登記がなされていることです（民法177条）。また、複数の債権の担保のために同じ不動産について複数の抵当権を設定したときは、優先弁済を受ける順序は登記の前後により決まります（民法373条）。債権者にとっては重要な問題といえます。

図表1-10　不動産以外の抵当権の目的物

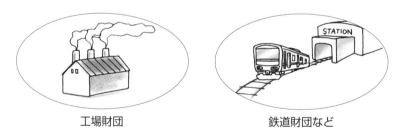

工場財団　　　　　　　　　　　　　鉄道財団など

（2）共同抵当権と根抵当権

　担保設定の方法でよく利用されているのが抵当権のほか、「共同抵当権」と「根抵当権」です。

　共同抵当権とは、債権者が同一の債権の担保として、数個の不動産に抵当権を設定することをいいます。数個の不動産を同一債権の担保とするため、担保価値の集積と危険分散（不動産価値の下落時にも担保価値の毀<ruby>損<rt>きそん</rt></ruby>を最小限にとどめる）作用があります。

　日本の法制が土地と建物を別個の不動産としていることも加わって、例は極めて多く、筆者が実務で取り扱う案件は、ほとんどといっていい

図表1−11　共同担保目録と根抵当権設定（例）

権　利　部　（　乙　区　）		(所有権以外の権利に関する事項)	
順位番号	登記の目的	受付年月日・受付番号	権利者その他の事項
1	根抵当権設定	平成○年○月○日 第619号	原因　平成○年○月○日設定 極度額　金2億5,000万円 共同担保　目録（え）第7481号 順位7番の登記を移記
付記1号	1番根抵当権変更	平成○年○月○日 第750号	原因　平成○年○月○日設定 極度額　金3億5,000万円 順位7番付記1号の登記を移記
	余　白	余　白	平成17年法務省令第18号附則第3条第2項の規定により移記 平成○年○月○日

共　同　担　保　目　録					
記号及び番号	（え）第7481号			調整	平成○年○月○日
番号	担保の目的である権利の表示		順位番号	予　　備	
1	○○市○○丁目○○番地○○番の土地		1	余　白	
2	○○市○○丁目○○番地○○番の土地		1	余　白	
3	○○市○○丁目○○番地○○番の土地		1	余　白	
4	○○市○○丁目○○番地○○番の土地		1	余　白	
5	○○市○○丁目○○番地○○番の土地		1	余　白	
6	○○市○○丁目○○番地○○番の土地		1	余　白	
7	○○市○○丁目○○番地○○番の土地		1	余　白	
8	○○市○○丁目○○番地○○番の土地		1	余　白	
9	○○市○○丁目○○番地○○番の土地		1	余　白	
	余　白		余　白	平成17年法務省令第18号附則第14条の規定により移記 平成○年○月○日	

ほど共同抵当権が設定されています。共同抵当権が設定されると、個々の目的不動産の登記に、これと共同抵当関係に立つ他の不動産が存する旨が記載されるとともに、共同担保目録が作成されます。実務の現場では共担（きょうたん）と呼んでおり、対象不動産の確定や担保徴求漏れをチェックするときにも使います（**図表1-11**）。

　根抵当権とは、極度額の範囲内で不特定の債権を担保する抵当権のことをいいます。当事者は設定契約において、被担保債権の範囲、債務者および極度額は必ず定めなければならず、登記においても必要的記載事項です。

　登記情報の見方については第2章で説明します。

7　不動産証券化とノンリコースローン

（1）不動産証券化とは

　不動産証券化とは、不動産から生ずる収益を裏付けとした有価証券を発行して、投資家から資金を調達する仕組みのことをいいます。

　不動産証券化では、不動産の所有と経営を分離するため、様々な業態の事業者がそれぞれの得意分野を生かして、証券化スキームの組成と運営に関わることが可能であり、新たな雇用機会が創出されるだけでなく、まちづくりの担い手を育成する効果もあることから、地域経済の活性化実現も期待されています。

　不動産証券化の基本は、実物不動産市場と、金融・資本市場を結びつける「仕掛け」です。

　一般的に証券化の基本要素には、①証券化の対象となるキャッシュフローを生み出す不動産（原資産）、②不動産の生み出すキャッシュフロ

ーに投資を行う投資家、③不動産と投資家をつなぐ導管体の役割を担う仕組みとしての特別目的事業体（SPV、ビークル等）、④実際の投資対象となる証券化商品などがあります。

（2）不動産証券化の仕組み

次に不動産証券化の構造を図示しました（**図表1-12**）。

その構造を簡単に説明すると、証券化の対象となる不動産をオリジネーター（原資産所有者）がビークルへと譲渡し、ビークルは当該不動産から生み出される収益を裏付けとして投資家や金融機関などから資金調達を行い、その調達資金を原資としてオリジネーターは不動産の売却代金をビークルから受け取り、投資家や金融機関などは当該不動産から得られる収益を「配当」や「元利払い」といった形で受け取ることになります。

金融機関は、対象不動産を担保とした「ノンリコースローン」の出し手として不動産証券化に参加します。

図表1-12　不動産証券化のスキーム

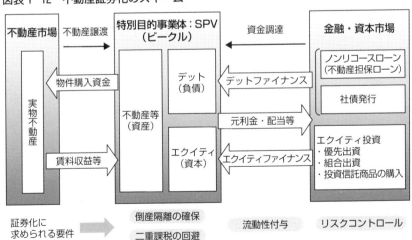

図表1-13　ノンリコースローンのスキーム

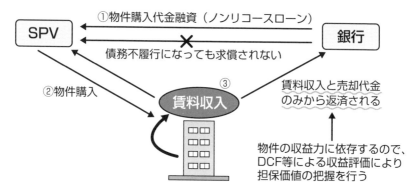

　ノンリコースローンとは、不動産等から生み出されるキャッシュフローのみを返済原資とし、債務者の信用力に依存しないローンのことをいいます。債権者が求償できる範囲は、担保不動産から発生する収益や売却代金に限定されるため、債務者がそれ以上の返済義務を負うことはありません。借主の弁済リスクが限定されるため、不動産担保ローンで利用されることが多くなっています（**図表1-13**）。

　現在の不動産証券化市場においては、証券化対象物件やそれに関与するプレイヤーが東京を中心とする都市部に偏在していますが、今後は国の地域経済活性化対策の進展に伴い、地方圏での証券化スキームの活用が増えていくものと思われます。

8 担保適格性、不適格性

　担保適格性とは何でしょう。すでに「金融機関の融資と担保」の項で述べましたが、「担保」とは、「貸出債権が確実に回収できるようにするため債権保全手段」ですので、処分できることが大原則です。

　処分できるにしても、著しい減価が生じないこと、そもそも市場性があること、そして、勝手に誰かが家を建てたりすることがないよう、現在の状態が確実であることが必要です。これらは、担保適格性の3つの原則として「安全性」「市場性（流動性）」「確実性」といわれています。

　次に担保の3つの原則について説明します（**図表1-14**）。

図表1-14　担保の適格要件と不適格要件

適格要件	不適格要件	要素	具体例
安全性	非永続性	物的安全性（法令違反、譲渡制限等）	・建築基準法違反建築物 ・農振区域内の農用地 ・保安林 ・市街化調整区域内の土地
		私的権利の安全性	・訴訟中の物件 ・差押え登記のある物件 ・底地 ・共有地
市場性（流動性）	処分困難性（非流動性）	地域要因	・企業城下町における基幹産業の撤退 ・郊外型ショッピングモールの影響で衰退する駅前商店街 ・質の劣る新興別荘地域
		個別的要因	・無道路地、崖地 ・道路敷地 ・極端な不整形地
		用途	・神社、寺院、墓地 ・病院 ・建築資材等に凝った建物（担保としての評価は建築コストよりはるかに低くなる）
確実性	不確実性	物的安全維持の側面	・経過年数の長い木造建物 ・市街化調整区域への逆線引き予定地
		市場性維持の側面	・老朽化した木造アパート ・大工場閉鎖後の従業員向け賃貸マンション ・レジャー施設
（管理容易性）	（管理困難）		（金融機関からみて遠隔地にある物件）
コンプライアンス要件（法令＋社会規範・企業論理の遵守）	金融機関の社会性・公共性に反するもの		反社会的勢力、公序良俗違反の用途に供する物件、またはそれらから提供を受ける物件

（1）安全性の原則

　担保不動産は、貸出期間中にその価値が減少するものであっては、債権の全額あるいは一部が回収できなくなるおそれが生じます。そのため、担保不動産は価格が安定して低下しないものが妥当、ということになります。

　安全性の要素として、「物的安全性」と「私的権利の安全性」があげられます。

　物的安全性とは、土地や建物が現実に存在し、かつ合法的な状態にあるということです。現実に存在しなければ問題外（水没、滅失など）です。現実に存在しているが公法上の規制に反するものや、権利移転に許可等が必要な物件は担保不適格といえるでしょう。

　そして私的権利の安全性とは、不動産には所有権関係や賃貸借関係など多数の私法上の権利が成立し、これらの権利が付着した場合は、担保権そのものが否定されたり、換価処分が困難になったりします。担保不動産にはこれら私法上の権利にも安全性が求められます。

　所有権に関して訴訟中など権利そのものを覆される可能性があるもの、底地や共有地など権利の性質上著しく市場性の劣るものなどは、担保不適格といえるでしょう。

（2）市場性（流動性）の原則

　担保不動産は、いつでも容易に換価処分できるものでなければなりません。無道路地や神社、仏閣、公園などの公共・公益施設などは市場性に欠け、容易に換価処分できないものと考えられます。

　筆者は市場性が最も重要と考えています。安全性や後述の確実性についても、広い意味で市場性の中に包括されるものでしょう。したがって、市場性がなく処分が困難な物件は担保不適格といえます。

　具体的には、郊外型ショッピングモールのオープンにより衰退化してしまった旧来からの商店街など地域要因に係るもの、無道路地や道路敷

地など個別的要因に係るもの、神社・寺院、病院などの不動産の用途に
係るものがあげられます。

　なお、病院についてはキャッシュフローの安定性も問われるので、確
実性の原則とも関連してくるでしょう。また、建築資材に凝った豪奢な
建物や、デザイン性の高い建物など、取得原価が極端に高い建物が稀に
あります。これらは担保不適格というわけではありませんが、即時換価
処分という観点からは、建築コストに見合った評価をすることはまずあ
りません。よほど趣味が合う需要者を見つけてくれば話は別ですが。

　話はそれますが、古民家や町家など、築年数が古く従来は担保不適格
とされていた建物も、最近では一定の基準をクリアすれば住宅ローンを
組んでくれる金融機関が出てきています。既存住宅取引市場活性化とい
うテーマもあるので、担保評価サイドとしても今後の動向に注目です。

　また、担保不動産の価値は不動産市場の動向に左右されます。不良債
権化した担保不動産は往々にして売れないことが多く、時間の経過と伴
に物件の価値が毀損していきます。特に事業用不動産の場合は毀損が大
きくなる場合が多く、このような物件の市場性については十分な検討が
必要です。

（3）確実性の原則

　担保不動産は長期にわたり価格や収益・権利が変動しない確実なもの
であることが必要です。

　例えば、市街化区域から市街化調整区域への指定換えがなされる可能
性や、大規模な工場や大学の移転により賃貸マンションへの入居が激減
する可能性、レジャー施設などの天候により収益が大きく左右されるも
の等、将来の不確実性の程度が高い不動産は確実性の原則に反するもの
です。

　これらに加え、金融機関では「管理の容易性」という原則も必要とさ
れています。金融機関では、一般的に各営業店の営業区域内に担保不動

産があることが原則です。

　担保不動産が営業区域内にあれば、容易に管理することができますが、営業区域外や遠隔地にあると、金融機関の承諾なく無断で担保建物が取り壊されたり、逆に更地である担保土地に建物が無断で新築されたり、また、第三者に無断で土地が賃貸されたりなど、担保価値を減少させる行為がなされても、まったく知らないで放置される危険性があるからです。そのため、金融機関では担保不動産の現況を毎年確認しているケースが多いようです。

　また、最近では、金融機関のみならず一般企業でもコンプライアンスが求められています。反社会的勢力が関連する物件、公序良俗に反する用途の物件を担保に融資することはコンプライアンス違反といえるでしょう。コンプライアンス要件は債務者属性の問題ではありますが、これに違反する場合は担保不適格といえるでしょう。

第2章

不動産担保調査の手順

（1）不動産の所有権の確認

　対象不動産の確定に際し、まずはどの不動産について担保提供意思があるのか、特に物上保証人がいる場合は物上保証人本人の意思確認が必要です（**図表2-1**）。

　次に、そもそも対象不動産を所有しているのかどうか、所有権を確認する必要があります。確認方法としては「権利証」「登記情報」「課税明細」等により行います。

　そこで、注意が必要とされるポイントは次の通りです。

図表2-1　不動産への抵当権の設定

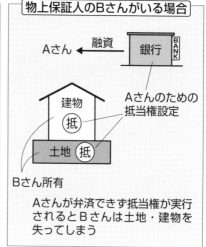

（2）不動産のチェックポイント

①建物のチェック

　どんなにボロボロでも建物があると、その建物に権利が発生する場合

があり、土地の価値が下がります。したがって、対象土地上に建物がある場合は、必ず土地と一緒に建物も担保徴求するようにしましょう。その理由は、法定地上権の項で説明します。

　また、建物が登記されていない場合もあるので、担保設定する場合は登記をしてもらう必要があります。

②所有者の説明に関する留意点

「土地を持っている」といっても貸地になっていたり、借地だったりすることがあります。「建物はボロボロだから価値がない」といっても第三者に登記されてしまえば、敷地利用権が発生してしまいます。

　所有者は往々にして、「勘違い」や「もの忘れ」をしており、また、物事を「勝手に決めつける」傾向があるので、注意が必要です。

　したがって、必ず自分で確認作業をする（一つひとつ裏付けを取っていく）ことが必要です。これは、決して所有者を信用しないということではなく、事実関係をしっかり確認するという主旨です。翻って、自分にも勝手な思い込みがないか、「〜だろう」とか「〜に違いない」などと、勝手に決めつけて確認を怠らないよう注意しましょう。

　面倒な作業の場合もありますが、後々、債務者区分が悪化し、債務者との関係も悪化すると、対象不動産に関する資料の徴求等が困難になります。そのようなトラブルを防ぐために、しっかり実行しておくことが大切です。

（3）不動産と不良債権

　図表2-2において「要管理先」「破綻懸念先」「実質破綻先」「破綻先」の債務者に対する債権が、いわゆる不良債権です。不良債権に分類されると、金融機関は貸倒引当金を積まなければなりません。

　図表2-3は預金取扱金融機関が保有する債権の債務者区分とそれぞれの額を示したものです。要管理先以下がいわゆる不良債権に該当するもので、10.6兆円あります。

図表2-2　債務者区分

分　類		内　容
正常先		業況が良好であり、かつ財務内容にも特段の問題がないと認められる債務者
要注意先		金利減免・棚上げを行っているなど貸出条件に問題のある債務者、元本返済もしくは利息支払いが事実上延滞しているなど履行状況に問題がある債務者のほか、業況が低調ないしは不安定な債務者または財務内容に問題がある債務者など今後の管理に注意を要する債務者
	（要管理先）	要注意先の債務者のうち、当該債務者の債権の全部または一部が要管理債権（「3ヵ月以上延滞債権」または「貸出条件緩和債権」）である債務者
破綻懸念先		現状、経営破綻の状況にはないが、経営難の状態にあり、経営改善計画等の進捗状況が芳しくなく、今後、経営破綻に陥る可能性が大きいと認められる債務者（金融機関等の支援継続中の債務者を含む）
実質破綻先		法的・形式的な経営破綻の事実は発生していないものの、深刻な経営難の状態にあり、再建の見通しがない状況にあると認められるなど実質的に経営破綻に陥っている債務者
破綻先		法的・形式的な経営破綻の事実が発生している先をいい、例えば、破産、清算、民事再生、会社更生、手形交換所の取引停止処分等の事由により経営破綻に陥っている債務者

図表2-3　自己査定による債務者区分（令和2年3月末時点）

債務者区分		金額（兆円）
正常先		685.1
要注意先		47.7
	（要管理先）	2.0
破綻懸念先		6.5
破綻先・実質破綻先		2.1
不良債権合計		10.6

出典：金融庁HPより

図表 2 - 4　中小企業金融円滑化法の期限到来後の検査・監督の方針

金融庁

中小企業金融円滑化法の期限到来後の検査・監督の方針

中小企業金融円滑化法（以下「円滑化法」）が本年 3 月末に期限を迎えるにあたり、借り手の方々や金融機関から円滑化法の期限到来後における金融機関や金融庁の対応について様々なお問合せが寄せられています。

こうしたお問合せに広くお答えするため、円滑化法の期限到来後における金融庁の検査・監督の方針を、以下のとおりお示しします。

（金融機関の役割）

・金融機関が、**貸付条件の変更等や円滑な資金供給に努めるべき**ということは、円滑化法の期限到来後においても**何ら変わりません。**

（検査・監督の対応）

・**金融検査・監督の目線やスタンスは**、円滑化法の期限到来後も、**これまでと何ら変わりません。**

⇒　**検査・監督を通じて金融機関に対し**、関係金融機関と十分連携を図りながら、**貸付条件の変更等や円滑な資金供給に努めるよう促します。**

・円滑化法の期限到来後も**不良債権の定義は変わりません。**
（貸付条件の変更等を行っても不良債権とならないための要件は**恒久措置**です）

・個々の借り手の経営改善にどのように取り組んでいるのか、検査・監督において、従来以上に光を当てます。

（借り手の課題解決）

・借り手が抱える経営課題の解決には相応の時間がかかるものです。
⇒　本年 3 月末までに、何らかの最終的な解決を求めるというものではありません。

・金融機関に対して、借り手の経営課題に応じた**最適な解決策を、借り手の立場に立って提案し、十分な時間をかけて実行支援**するよう促します。

（営業現場への周知徹底）

・金融機関に対して、円滑化法の期限到来後も、**顧客への対応方針が変わらないことを借り手に説明**するよう促します。

・金融機関に対して、こうした検査・監督の方針を、営業の第一線まで、周知徹底し、実践するよう促します。

※図中の「本年 3 月末」は平成25年 3 月末を意味する

しかし、要管理先の上に「要注意先」という不良債権に分類されない債権があり、その額は47.7兆円です。これはほとんどが中小企業金融円滑化法（以下、「金融円滑化法」という）によって返済条件に問題があった債権と考えられるので、すべてとは言い切れませんが不良債権と考えてもよいでしょう。

＜金融円滑化法について＞

　金融円滑化法とは、「中小企業者等に対する金融の円滑化を図るための臨時措置に関する法律」の通称であり、中小企業や住宅ローンの借り手が金融機関に返済負担の軽減を申し入れた際に、できる限り貸付条件の変更等を行うよう努めることなどを内容とする法律です。

　2008年秋以降の金融危機・景気低迷による中小企業の資金繰り悪化等への対応策として、2009年12月に約2年間の時限立法として施行されました。

　しかし、期限を迎えても中小企業の業況・資金繰りは、依然として厳しい状態にあったことから、2度にわたって延長され、2013年3月末をもって終了しましたが、**図表2-4**のような措置が取られてきました。

　金融庁は、上記期限到来後においても、各金融機関から「貸付条件の変更等の状況」の報告を求めており、事実上金融円滑化法は継続されていましたが、2019年3月期をもって報告が休止となり、実質終了となりました。

　しかし、2020年3月6日、金融庁は新型コロナウイルス感染拡大による企業への資金繰りを支援するため、麻生太郎・金融担当大臣の談話を公表しました。この談話の中で、「既往債務の元本・金利を含めた返済猶予等の条件変更について、迅速かつ柔軟に対応すること」とし、これにより金融円滑化法の枠組みが事実上復活することになりました。

　同時に、「貸付条件の変更実施状況の報告」（リスケ報告）を復活させることとなりました。

2 必要資料の収集と各種調査

　不動産の調査にあたっては、現地に赴く前に、事前に入手可能な資料で対象不動産を様々な角度から調査します。事前調査により対象不動産のイメージをつかむとともに、現地調査をスムーズに行うことができます。

　また、現地に赴いたときの実際の感覚と事前に持っていたイメージの違い、すなわち、現地でなければ感じ取れない情報がよりはっきりと認識できるようになります。

（1）法務局調査

　法務局調査では権利関係等の調査を行います。現在はインターネットで全部事項証明書や公図等は取得できるので、それで済む場合もありますが、実際に法務局に赴き、公図等を確認しながら調査する場合もあります。なお、法務局の証明印が必要な場合は、必ず法務局に赴かなければなりません。

　なお、法務局調査で収集する資料としては次のようなものがあります。
・不動産登記情報（全部事項）
・地図情報（地図または地図に準ずる図面）
・図面情報（土地所在図／地積測量図、建物図面／各階平面図、地役権図面）

　これらの法務局関連資料はオンラインで取得可能で、PDFで閲覧・ダウンロードすることができます。全部事項証明書は「ネット謄本」とも呼ばれていて、費用も安く早いことから、筆者の勤務先では、ほぼオンラインでダウンロードしています。

　ただし、PDFには証明印がないため、証明印が押されている全部事項証明書や建物図面が必要な場合は、法務局で取得しなければなりませ

ん。

①不動産登記情報（全部事項）

　不動産登記情報の土地の表題部では、「所在」「地番」「地目」「地積」を、建物の表題部では、「家屋番号」「種類」「構造」「床面積」「建築年月日」「付属建物」を確認することができます。

　ここに記載されている地番は「住居表示」ではないので、注意が必要です。インターネット上や市販の地図などは一般的に住居表示表記です。住居表示未実施区域でも、地図上の地番と登記上の地番の位置が異なっていることがあるため、対象不動産の物理的位置の特定は慎重に行います。

　それぞれの権利部（甲区）では所有者を確認します。現在の所有だけでなく、過去からの所有者（権利移転の状況）も確認できます。

　権利部（乙区）では、抵当権、根抵当権、賃借権等の所有権以外の権利を確認することができます。

　また、共同抵当権が設定されている場合、個々の目的不動産の登記に、これと共同抵当関係に立つ他の不動産が存する旨が記載されるとともに、共同担保目録（共担）が作成されます。共担は、対象不動産の確定や担保徴求漏れをチェックするときにも使いますが、これは前述の通りです。

　全部事項証明書は、上述のように所有権移転の経緯、抵当権の設定状況、所有権以外の権利の付着状況など、その不動産の履歴が記録されているもので、いわば人間の履歴書と同様のため、それを理解することは大変重要なことであると言えます。

　例示してある全部事項証明は非常にシンプルなものですが、実務で接するそれは、相続による複雑な権利移転の経緯や、難解な抵当権の設定状況など、理解するのに大変な労力を要するものも多く存在します。さらに遡って調査する必要がある場合には、法務局で閉鎖謄本を取得できますので、そのような場合は活用してみてください。

②地図情報（地図または地図に準ずる図面）

　不動産登記法14条の図面（以下、「法14条地図」という）では、対象地の位置、形状等が確認できます。公図は「地図に準ずる図面」として扱われており、法14条地図と比べて正確性に劣るため、概ねの確認ということになります。

　法14条地図は地籍調査の結果が反映されているので正確ですが、公図は地域によっては「公図錯綜地区」といい、現況とまったく異なる状況が記載されている場合もあります。

③図面情報（地積測量図、建物図面／各階平面図、地役権図面）

　地積測量図は、対象地の実測図であり、形状・面積の確認ができます。なお、すべての地番に地積測量図があるわけではありません。また、稀に登記面積と異なっていることがあるので、地積測量図がある場合は、必ず登記面積との照合を行うようにします。

　建物図面／各階平面図は、土地上の建物の配置、建物全体の形状、各階の形状が確認できます。未登記の増改築や未登記建物の確認にも使います。事前に入手した建物図面で対象建物の形状をしっかりとつかみ、現地調査に臨みます。

　図表2-5はインターネットでダウンロード入手した全部事項証明書の見本です。表題部に「所在」「①地番」「②地目」等の記載がされています。「原因及びその日付」の欄には、分筆の経緯、地目変更の経緯が記載されています。記載内容が変更されると、従前の内容は下線が引かれ、新たな内容がその下の欄に記載されます。この見本では、地積が分筆により152.06㎡から144.18㎡に変更されています。

　権利部（甲区）には、売買により所有権が移転されたことが記載されています。

　また、権利部（乙区）には、極度額2億5,000万円の根抵当権が設定された旨の記載がされています。この根抵当権の極度額はその後3億5,000万円に変更されています。したがって「極度額　金2億5,000万円」

図表2-5 全部事項証明書（例）

表題部（土地の表示）		調整	平成○年○月○日	不動産番号	1234567890123
地図番号	余　白	筆界特定	余　白		
所　在				余　白	

①地番	②地目	③地積		原因及びその日付（登記の日付）
432番	田	⑭	302：	余　白
432番1	余　白		152：	①③432番1、432番2に分筆〔昭和○年○月○日〕
余　白	宅地		152：06	②③昭和56年8月7日地目変更〔昭和○年○月○日〕
余　白	余　白		144：18	③432番1、同番3に分筆〔昭和○年○月○日〕
余　白	余　白	余　白		平成17年法務省令第18号附則第3条第2項の規定により移記　平成○年○月○日

権　利　部（甲　区）（所有権に関する事項）			
順位番号	登記の目的	受付年月日・受付番号	権利者その他の事項
1	所有権移転	平成1年1月20日第618号	原因　平成○年○月○日売買
	余　白	余　白	平成17年法務省令第18号附則第3条第2項の規定により移記　平成○年○月○日

権　利　部（乙　区）（所有権以外の権利に関する事項）			
順位番号	登記の目的	受付年月日・受付番号	権利者その他の事項
1	根抵当権設定	平成○年○月○日第619号	原因　平成○年○月○日設定　極度額　金2億5,000万円 共同担保　目録（え）第7481号　順位7番の登記を移記
付記1号	1番根抵当権変更	平成○年○月○日第750号	原因　平成○年○月○日設定　極度額　金3億5,000万円　順位7番付記1号の登記を移記
	余　白	余　白	平成17年法務省令第18号附則第3条第2項の規定により移記　平成○年○月○日

共　同　担　保　目　録				
記号及び番号　（え）第7481号			調整	平成○年○月○日
番号	担保の目的である権利の表示	順位番号	予　備	
1	○○市○○丁目426番1の土地	1	余　白	
9	○○市○○丁目426番地4　家屋番号	1	余　白	
	余　白	余　白	平成17年法務省令第18号附則第14条の規定により移記　平成○年○月○日	

※下線のあるものは抹消事項であることを示す

図表2-6　公図

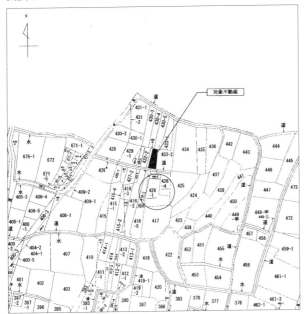

図表2-7　地積測量図

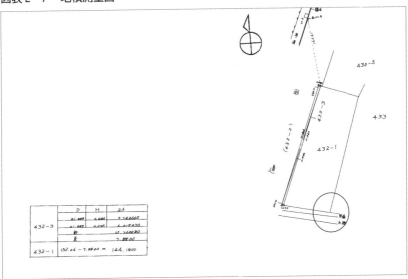

には下線が引かれています。

その下には共同担保目録が記載されています。対象不動産の432番1とともに共同抵当権が設定されている土地と家屋の地番と家屋番号が記載されています。

図表2-6（公図）において○印で囲っている付近が、対象不動産とともに共同抵当権が設定されている土地（地番）です。

図表2-7は地積測量図、**図表2-8**は建物図面ですが、よく見ると、地積測量図、建物図面各々記載の土地の形状が微妙に違うのが分かると思います。特に○印をした南東角の部分の形状が異なっています。このように、資料の段階で合致しない部分が出てきますので、これらを現地調査や役所調査において確認していきます。

なお、地積測量図の分筆された残地側の面積は、実測すると登記面積と乖離する可能性が高いので注意が必要です。

図表2-8　建物図面

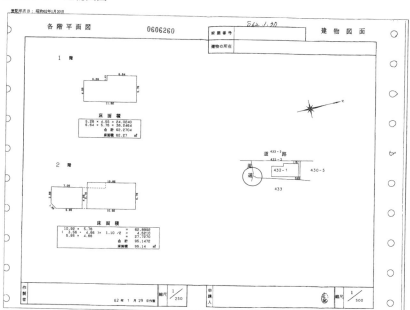

（2）役所調査

　役所調査については、区役所、市役所等の窓口に赴き、用途地域等の公法規制を中心とした内容について調査を行います。その他に、上下水道や埋蔵文化財などの調査も行います。

　役所調査での注意点は、内容を必ず確認するということです。事前に何も情報がない場合、その場で新たな法規制等について言われた場合は、その内容が記載されている資料の提示をお願いし、確認することが必要です。

　役所では異動も多く、まったく異なる部署から異動してきたばかりの人が担当者の場合などは、法規制の内容についてまだ把握しきれていないこともあるので、お互いの勘違いや間違いを防ぐために、必ず確認することが必要です。

　筆者はよく調査漏れをしていましたが、そうすると再度役所に行かなければならず余計に時間を要してしまいます。そのようなことのないよう、準備と確認はしっかり行いましょう。

　役所調査では主に法的規制の調査を行います。以下、主な調査内容について説明します。部署名等は役所により多少異なりますが、役所の案内所で調査内容を話せば、該当の部署を教えてくれます（**写真2-1**）。

　また、役所によっては、上下水道の調査など、個人情報保護の観点から、物件所有者の調査の委任状がなければ情報開示してくれないケースもあります。調査内容により一概には言えませんが、留意しておく必要があります。

①都市計画課

　役所の「都市計画課」や「まちづくり課」といった部署で都市計画法を調査します。また、インターネットで対象区市町村の都市計画図が閲覧できたり、担当課の窓口でも自由に閲覧できたりします。

　都市計画図では、用途地域、容積率、建ぺい率、都市計画道路、高度規制等を調査確認しますが、担当課で現在の内容に間違いはないか、他

各階ご案内
FLOOR INFOMATION

- 10F　1001会議室　1002会議室　1003会議室　1004会議室　災害対策課　危機管理課
　　　研修室　1005会議室

- 9F　産業振興課　にぎわい計画課　観光課　901会議室
　　　くらしの相談課　文化振興課　選挙管理委員会事務局(総務課 調査統計係)　902会議室

- 8F　情報システム課　801会議室　第四応接室　区議会議事堂

- 7F　議会第三会議室　議会第二会議室　副議長室　第一応接室　議長室　議会事務局
　　　議会図書室　議会第一会議室　議会各会派控室　第三応接室　第二応接室

- 6F　603会議室　監査委員室　監査事務局　環境課　学務課　指導課　教育改革担当　教育委員会室
　　　601会議室　602会議室　交流促進課　清掃リサイクル課　子育て支援課　児童保育課　庶務課　教育長室

- 5F　地区整備課　まちづくり推進課　都市計画課　公園課　土木課　交通対策課　道路管理課
　　　501会議室　施設課　住宅課　建築課

- 4F　財政課　経営改革担当　企画課　区長室　区長応接室　区長・広報室(秘書担当)　副区長室
　　　401会議室　経理課　人事課　生活安全推進課　世界遺産登録推進室　東京オリンピック・パラリンピック課　総務課　庁議室

- 3F　区政情報コーナー　福祉課　健康課　区民課　国民年金課　人権・男女共同参画課　302会議室　301会議室
　　　区長・広報室(広報・広聴担当)　収納課　税務課

- 2F　保護課　自立支援担当　高齢福祉課　介護保険課
　　　障害福祉課　国民健康保険課

- 1F　戸籍住民サービス課　　　　　　　　　　　　　　　　　● M2F　売店
　　　会計課　銀行派出所　くらしの相談課　台東アートギャラリー

- B1F　食堂　駐車場　駐車場管理室　※食堂は浅草側にあります。

- B2F　中央監視室　※関係者以外立入禁止

▲東京都台東区役所のフロア案内

に規制はないか、法規制が変更される予定はないかなどを確認します。なお、都市計画法の詳細については後述します。

②道路管理課

　道路管理課では、市町村道としての認定の有無、認定幅員、私道かどうかの確認などを行います。国道の場合は国道工事事務所、都道府県道の場合は都道府県の出先機関でないと認定幅員等は分からないため、事前に調べておき、調査行程の段取りをしておくとよいでしょう（**図表2-9**）。

　筆者は何度も事前確認を怠り、余計な時間をかけていました。県などの出先機関は市役所と離れていることが多く、思わぬ時間を費やすことがあるので注意が必要です。

図表2-9　道路台帳平面図

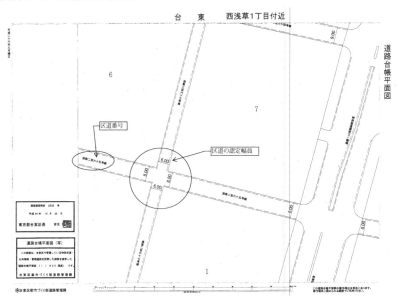

③建築指導課

　建築指導課では、建築基準法上の道路かどうか、建築基準法上のどの種別に該当するか等を確認します。法42条1項1号〜5号、2項道路、ただし書き道路（法43条1項ただし書き）等について確認しますが、建築基準法上の道路に接しているか否かは建物の建築について大きな影響を及ぼすので、役所調査のなかでもとりわけ重要な調査といえます。

　なお、建築基準法上の道路の詳細については後述します。

④その他

　教育委員会は埋蔵文化財包蔵地への該当の有無、試掘調査の要件等の調査を行います。環境保全課は土壌汚染対策法関連の調査を行います。開発指導課は開発指導要綱の内容調査や開発登録簿の閲覧等を行います。資産税課は固定資産税路線価の閲覧や地番図の閲覧を行います。

　ちなみに、東京・台東区ではチェックリストを作成して配布しており、これを利用すると調査漏れをせずに済み大変便利です（図表2-10）。

図表2-10 台東区役所のチェックリスト

建築計画をされる方へ
（チェックリスト及び問い合わせ先一覧表）

※必要と思われるところをチェックされると便利です。

台東区役所　代表　03（5246）1111

◆都市計画課（5F ⑤番窓口）

1. 用途地域　●内線 3912
用途地域、防火・準防火地域、建ぺい率、容積率、高度地区、都市計画区域等の詳細を調査する場合。

2. 都市計画道路　●内線 3912
◇事業者となる建築物を建築する場合。
◇事業未着手の都市計画道路を確認する場合。
都市第2作 2作 21F 電 TEL 5388-3213
◇事業密集市区街区路等を確認する場合。
〔25 区道の線路等〕

◆台東区景観条例・景観法（5F ⑥番窓口）

3. 台東区景観条例・景観法　●内線 3914
下記に該当する場合は、景観における配慮の状況などについて、建築確認申請の60日前までに。
◇会例に基づき建築計画の事前協議を行う場合。
◇建築物の新設、増築・改築等に該当する場合。

	区域	規模
建築物	高層地域	高さ10m以上のもの
	区域以外地域	延べ面積500㎡以上のもの
上記以外の地域		高さ15m以上または延べ面積1,000㎡以上のもの
工作物	区全域	

◆住宅課（5F ⑨番窓口）

12. みどりの条例　●内線 3958

13. 集合住宅の建築及び管理に関する条例　●内線 3956

14. 大規模建築物誘導等事務

15. 福祉のまちづくり条例

16. 建設リサイクル法

◆建築課（5F ①番窓口）

17. 算入可能建築面積条例等

18. 省エネ届出

◆その他のチェック項目

35. 上水道・下水道

36. 地区画街路事務所

37. 大規模分流

38. 河川（保全）管理　（河川）

39. 共同住宅等建物廃棄物保管事務

◆住宅課（5F ⑨番窓口）（右列）

19. ボーリングデータ

20. 駐車場の附置義務

21. 電波伝搬障害（電波法）

22. 高度地区

23. 文化財保護

24. 総合設計

25. 建築協定

26. 埋蔵文化財（文化財保護課）

◆建築課（5F ①番窓口）（左下）

27. 解散記録の閲覧

◆道路管理課（5F ③番窓口）

28. 区道幅員や幅員

29. 道路占有

30. 屋外広告物（東京都屋外広告物条例）

31. 浸水実績図（ハザードマップ）

32. 24時間台帳

33. 工事看板の提出

34. 沿道届出

◆（右側欄）

40. 私立学校・保育園等

41. 教育環境等について

42. 旅館業・墓地等

43. 店舗・飲食店

44. 飲食店営業許可等

45. 食品衛生法関係許可証等

46. 保健所長の指定解除等

47. 建築物内への解体等工事の事前周知

48. 騒音・振動の規制（騒音振動・振動規制法）

49. アスベスト除去等工事

50. 工場・指定作業場

51. 土壌汚染対策

52. 工場排水指導

53. パチンコ等風俗営業店舗

54. 台風区生活安全条例

☆台東区ホームページ内「たいとうマップ」「地図情報」から都市計画・認定道路・建築基準法道路の確認ができます。
http://www2.wagamachi-guide.com/taito/

※ このチェックリストは参考のために作成したものです。ここに記載されたもの以外にも協議や届出が必要なものがありますのでご注意下さい。

台東区役所 建築課　（作成 平成26年4月）

046

（3）所有者から入手する資料

　所有者から入手する書類には様々なものがありますが、その主なものを次に掲げておきます。

- ・オフィス、マンション等の賃貸物件…レントロール（賃貸借契約一覧表）、建物賃貸借契約書（**図表2-11、2-12**）
- ・借地、底地…土地賃貸借契約書、事業用定期借地権設定契約書
- ・土地区画整理地内…仮換地証明、仮換地指定図写し
- ・課税関係資料…固定資産税・都市計画税課税明細（**図表2-13**）または評価証明、名寄帳
- ・その他…建築確認申請書写し、検査済証、売買契約書・重要事項説明書

　賃貸物件の場合、レントロールだけでなく、各部屋の賃貸借契約書（竣工前の場合は予定賃貸借契約書）の写しも提示してもらうことをお勧めします。

　一般的にレントロールはエクセルで作成されていることが多いですが、一方でそれは、数値を容易に変更できることを意味します。すなわち、本来の賃料よりも高い賃料に改ざんできてしまうリスクがあるということです。部屋数が多い場合、一つひとつ各部屋の賃料を賃貸借契約書でチェックし、それをレントロールと照合していく作業は大変な労力を要しますが、そのようなリスクを排除するためにも必要な作業と考えられます。

　数年前にも通帳等の資料改ざんによる不正融資問題が起こりましたが、そのような事態を防ぐためにも、資料のチェックは慎重に行う必要があります。

　また、売買契約書や重要事項説明書には、対象物件に関する様々な情報が記載されています。その中には潜在的なリスクにつながる情報が記載されていることもあるので、入手できた場合は記載内容をよくチェックすることをお勧めします。

図表 2 -11　レントロール（賃貸借契約一覧表）

賃 貸 借 契 約 一 覧 表

12月末現在

部屋NO	契約者	㎡	賃料	管理費	合計	入居者	備考
A 1 - 1							
A 1 - 2	○○○○	43.05	78,000	2,000	80,000	△△△△	
A 1 - 3		27.00			0		
A 1 - 5	○○○○	27.00	65,000	3,000	68,000	△△△△	
A 2 - 0							
A 2 - 1	○○○○	43.05	83,000	2,000	85,000	△△△△	
A 2 - 2	○○○○	27.00	30,000	0	30,000	△△△△	
A 2 - 3	○○○○	27.00	75,000	3,000	78,000	△△△△	
A 2 - 5	○○○○	27.00	83,000	5,000	88,000	△△△△	
B 1 - 1		44.29			0		
B 1 - 2		40.50			0		
B 1 - 3	○○○○	35.10	60,000		60,000	△△△△	
B 1 - 5	○○○○	40.50	60,000	0	60,000	△△△△	
B 2 - 1	○○○○	44.29	83,000	2,000	85,000	△△△△	
B 2 - 2	○○○○	40.50	70,000		70,000	△△△△	
B 2 - 3		35.00					
B 2 - 5	○○○○	40.50	83,500		83,500	△△△△	
P-No 1	ー				ー		
P-No 2	ー				ー		
P-No 3	○○○○		15,000		15,000	△△△△	
P-No 4	○○○○		15,000		15,000	△△△△	
P-No 5	ー				ー		
P-No 6	○○○○		15,000		15,000		
	合計						

図表2-12　賃貸借契約書（例）

賃貸借契約書

　　　　　　　（以下「甲」という。）及び　　　　　　　　　　　株式会社(以下「乙」という。)とは、甲の所有する末尾の物件目録に記載の土地建物(以下「本土地建物」という。)及び建物付属設備(以下「本建物付属設備」という。)に関し、次の通り賃貸借契約(以下「本契約」という。)を締結する。

第1条(物件の所在地・概要)

1. 甲は、乙が乙の定款に定める事業を営む目的で、本土地建物及び本建物付属設備を乙に賃貸し、乙はこれを借り受けた。

2. 甲は、本契約又はその更新契約が締結されている期間中、物件目録別紙3に記載の土地について、甲及び乙間で合意したルールに則って、乙が事業を営むのに必要な範囲で車両による通行その他の利用を無償にて認めるものとする

第2条(目的外使用の禁止)

　　乙は、本土地建物及び本建物付属設備を前条の使用目的以外に使用してはならない。

第3条(賃貸借の期間)

　　本土地建物及び本建物付属設備に係る賃貸借の期間は、平成26年○月○日から平成36年○月○日とする。ただし、本契約当事者が書面で期間満了の6か月前までに期間満了を確認する通知を相手方に送付しない限り、賃貸借期間は自動的に1年間延長するものとし、以後も同様とする。

第4条(賃料及び支払方法)

1. 本土地建物及び本建物付属設備の賃料は、年間総額　　　　　円とし、年間総額を12等分した月額　　　　円を、毎月末日までに翌月分を甲の指定する金融機関口座に振り込んで支払う。なお、かかる振込に要する費用は、乙の負担とする。

2. 1か月に満たない期間の賃料は、1か月を30日として日割り計算により算出する。乙は、第一月目の賃料を、第二月目の賃料の支払日の同日に支払うものとする。

図表2-13　固定資産税・都市計画税　納税通知書（例）

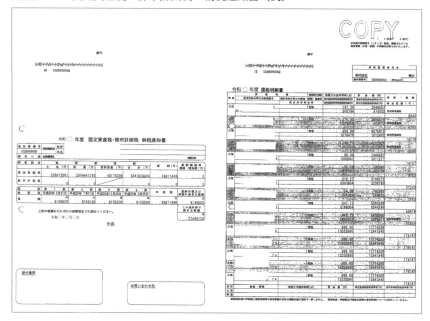

3 価格水準の把握

　現在、金融機関の担保評価については、担保評価システムの導入や担保調査子会社や専門部署の設立により、担当者自らが評価する機会は減ってきています。しかし、新たな融資先の開拓や取引先の与信の確認など、担保価値を自身である程度把握する必要はあるでしょう。そのためには、評価手法も含めた不動産の価値の把握方法についても、精通している必要があります。

　現地調査の前には、ある程度対象不動産とその存する地域の価格水準をつかんでおくことが必要です。価格水準の把握には、公表されていて入手が簡単な相続税路線価や地価公示を使うのが最もよいでしょう。現

地調査時に不動産業者にヒアリングをかけるときにも、それらによりある程度の価格水準をつかんでいれば、より突っ込んだ情報が引き出せるかもしれません。

（1）不動産の 4 つの価格

不動産には次のように代表的な 4 つの価格があります。

①地価公示

・価格時点…1 月 1 日

・発表時期…毎年 3 月中旬頃

・目　的…適正な地価の形成に寄与するため

・発表主体等…国土交通省土地鑑定委員会が発表、地価公示法による

・特徴…原則として都市計画区域内

・令和 3 年 2 万6,000地点

図表 2 -14　国土交通省地価公示・都道府県地価調査

②地価調査

・価格時点…7月1日

・発表時期…毎年9月中旬頃

・目　　的…適正な地価の形成に寄与するため、標準的な土地についての正常な価格

・発表主体等…都道府県知事が発表、国土利用計画法施行令第9条

・特　　徴…都市計画区域外でも実施、地価公示との補完関係

・令和2年2万1,519地点

　地価公示、地価調査は国土交通省のホームページで見ることができます（**図表2-14、2-15**）。

図表2-15　国土交通省地価公示

（1）「標準地番号」の欄においては、用途別に数字を付し次のように表示しています。

　　　　　1.　2.　3.　……………住宅地
　　　　　5-1.　5-2.　5-3.……商業地
　　　　　9-1.　9-2.　9-3.……工業地

③相続税路線価（**図表 2-16**）

　・価格時点…1 月 1 日

　・発表時期…毎年 7 月 1 日

　・目　　　的…相続税、贈与税課税のための評価

　・発表主体等…国税庁・国税局長

　・特　　　徴…公示価格の水準の 8 割程度

　都市部はほぼすべての道路に付設

図表 2-16　路線価図（例）

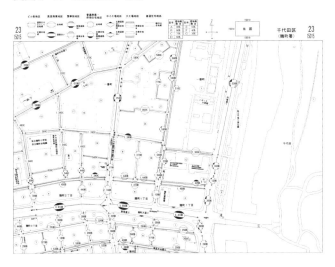

④固定資産税評価額（**図表 2-17**）

　・価格時点…1 月 1 日

　・発表時期…3 年に一度評価替え

　・目　　　的…固定資産税課税のための評価

　・発表主体等…総務省・市町村長

　・特　　　徴…公示価格の 7 割を目途

　役所の資産税課で固定資産税標準宅地、固定資産税路線価の閲覧が可能です。

図表 2-17　固定資産税路線価図（例）

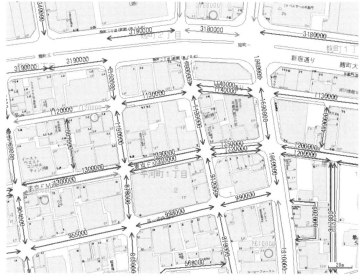

出典：（財）資産評価システム研究センター・全国地価マップ

（2）公示水準の価格のつかみ方

　それぞれの価格は「全国地価マップ」http://www.chikamap.jp／で見ることができます。これらの中で一番使い勝手がいいのが相続税路線価図です。相続税路線価のない地域（倍率地域という）については、固定資産税標準宅地の価格等を参考にするとよいと思われます。

　また、公示水準の価格をつかむためには、次のような計算を行います。

・相続税路線価の場合

　…相続税路線価÷0.8≒公示水準の価格

・固定資産税標準宅地の場合

　…固定資産税標準宅地÷0.7≒公示水準の価格

　公示価格（地価公示、地価調査含む）と課税評価の価格は均衡が図られていますので、これらの公的価格を使えば、おおよその価格水準を把握することができます（**図表 2-18**）。

図表2-18　不動産の価格の種類

価格の種類	価格時点	内　容
地価公示	1月1日	3月下旬発表
地価調査	7月1日	9月中旬発表
相続税路線価	1月1日	7月上旬発表　地価公示×0.8
固定資産税評価額	1月1日	地価公示×0.7

4 現地調査の方法

　現地調査では、実際に現地で対象不動産を調査（鑑定実務では「実査」という）することによって、事前調査で得た情報の確認、相違点のチェック等を行います。

　土地については、その位置、形状、高低差等の土地そのものの状況の確認、前面道路や側道との関係や幅員の確認、境界標や越境物等の隣接地との関係の確認、建物については、形状、階数、増改築、未登記建物等の確認を行います。

　現地調査では、実際に駅から歩いてみたり、周辺地域を車で走って見て回るなどして、対象不動産そのものだけでなく、対象不動産がどのような地域にあるのかを自分の目や耳を使って実際に確かめることが必要です。

　・目（視覚）…どんな場所にあるのか見る。

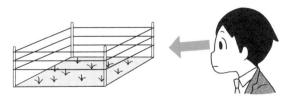

・耳（聴覚）…自動車や工場の騒音などがあるか、静かな住環境か。
→騒音は減価要因としてマイナスの影響がある。
→騒音のない静かな住環境であれば地価水準自体が高くなる。

・口（味覚）…飲食店なら、どんな料理を出しているのか。
→テナントがおいしいと評判の店であれば、退去するリスクは小さい。
逆に料理がおいしくなく閑散とした店であれば、退去リスクが大きい。

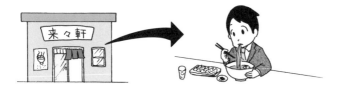

・鼻（臭覚）…薬品や塗装材などの臭気がしてこないか。
→臭気は居住環境としてマイナスに働く。

　そして、事前調査では分からない、対象不動産や対象不動産の存する
地域の雰囲気を感じることも大切です。地域も含めた不動産は各々の歴
史を持ち、その過程で価格形成がされてきていますので、それを自分が
どう感じるか、ということがとても重要なのです。

第3章

不動産を取り巻く様々な規制

1 都市計画法

（1）都市計画法とは何か

　都市計画法には、都市計画の目的と基本理念が次のように書かれています。

　第1条（目的）

「この法律は、都市計画の内容及びその決定手続、都市計画制限、都市計画事業その他都市計画に関し必要な事項を定めることにより、都市の健全な発展と秩序ある整備を図り、もって国土の均衡ある発展と公共の福祉の増進に寄与することを目的とする。」

　第2条（都市計画の基本理念）

「都市計画は、農林漁業との健全な調和を図りつつ、健康で文化的な都市生活及び機能的な都市活動を確保すべきこと並びにこのためには適正な制限のもとに土地の合理的な利用が図られるべきことを基本理念として定めるものとする。」

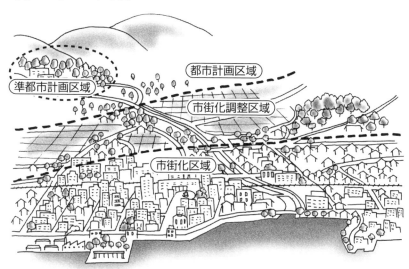

　都市は多くの人々の生活や仕事の活動の場となっており、また、人々は都市に集中する傾向があります。このような都市で土地の利用について何も制限を加えないで放置しておくと、無秩序な都市化が進行してしまうおそれがあります。

　そこで、都市計画法は様々な都市計画を立てることを要求し、都市環境の保全と機能の向上を図っているわけです。

（2）都市計画区域と準都市計画区域

　都市計画区域と準都市計画区域は、図表3-1のように表示することができます。

図表3-1　都市計画区域と準都市計画区域

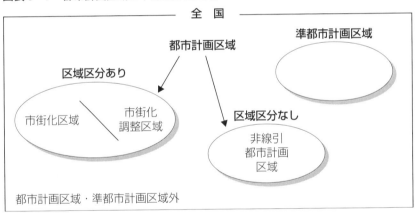

（3）市街化区域と市街化調整区域

　都市計画区域について、無秩序な市街化を防止し、計画的な市街化を図る必要があるときは、都市計画に市街化区域と市街化調整区域との区分を定めることができます（都市計画法7条1項）（図表3-2）。

　なお、三大都市圏の一定の区域等では、必ず区域区分を定めることとされています。この区域区分は「線引き」とも呼ばれています。

図表 3 - 2　都市計画区域の定義と関連法規

	市街化区域	市街化調整区域
定　義	①すでに市街地となっている区域 ②おおむね10年以内に優先的計画的に市街化を図るべき区域	市街化を抑制すべき区域（禁止ではないことに注意）
開発許可	都市計画法33条の要件が必要	都市計画法33条と34条の要件が必要
建築基準法 （建物の建築）	建築確認のみ	建築確認と都市計画法上の許可が必要
農地法 （農地転用）	農業委員会への事前届出のみ	都道府県知事の許可が必要

①用途地域の種類と内容

　市街化区域については、必ず用途地域を定めるものとし、市街化調整区域については原則として用途地域を定めないものとされています。

　用途地域の種類と内容等は**図表 3 - 3**の通りです。

図表 3 - 3　用途地域の種類と内容

用途地域の種類	内　容	イメージ
第 1 種低層住居専用地域 	低層住宅に係る良好な住居の環境を保護するために定める地域。	閑静な高級住宅街
第 2 種低層住居専用地域 	主として低層住宅に係る良好な住居の環境を保護するために定める地域。コンビニなど150㎡までの一定の店舗が建てられる。	コンビニがある戸建住宅地域

第1種中高層住居専用地域 	中高層住宅に係る良好な住居の環境を保護するために定める地域。	マンションや戸建住宅が混在する地域
第2種中高層住居専用地域 	主として中高層住宅に係る良好な住居の環境を保護するために定める地域。1,500㎡までの一定の店舗や事務所が建てられる。	マンション街の中にファミレスなどが点在する地域
第1種住居地域 	住居の環境を保護するために定める地域。	戸建住宅、マンション、店舗などが混在する地域
第2種住居地域 	主として住居の環境を保護するために定める地域で、パチンコ店やカラオケボックスなども建てられる。	住宅、店舗、事務所が混在し、パチンコ店なども存する地域
準住居地域 	道路の沿道としての地域の特性にふさわしい業務の利便の増進を図りつつ、これと調和した住居の環境を保護するために定める地域。	幹線道路沿いに自動車販売店等が立ち並ぶ地域。幹線道路背後には住宅がある。
田園住居地域 	農業の利便の増進を図りつつ、これと調和した低層住宅に係る良好な住居の環境を保護するために定める地域。	戸建住宅と農地が混在する地域

近隣商業地域	近隣の住宅地の住民に対する日用品の供給を行うことを主たる内容とする商業、その他の業務の利便を増進するために定める地域。	駅前の商店街
商業地域	主として商業、その他の業務の利便を増進するために定める地域。	銀座のように店舗が集積する地域、大手町のようにオフィスが集積する地域
準工業地域	主として環境の悪化をもたらすおそれのない工業の利便を増進するため定める地域。	工場と住宅が混在する地域
工場地域	主として工業の利便を増進するために定める地域。	中小工業団地
工業専用地域	工業の利便を増進するために定める地域。	大規模な工業団地

　第一種低層住居専用地域は居住環境が最も良好になるように定められていますが、これはすなわち、住宅以外の用途（店舗や工場など）が厳しく制限されていることを意味します。

　中高層住居専用地域、住居地域、準住居地域となるに従い規制の内容

図表3-4　台東区の都市計画図

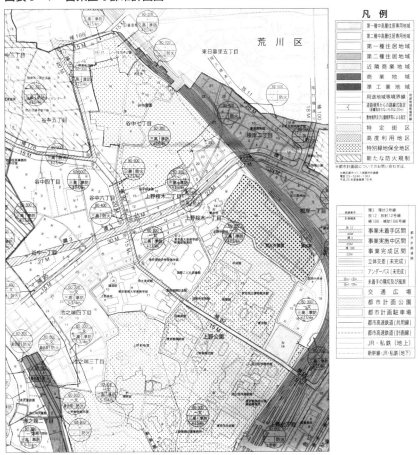

は除々に緩やかとなっていきます。

　逆に工業専用地域は住宅の建築は認められていません。商業地域や工業地域では住宅の建築も認められているため、店舗や工場の跡地にマンションが建築されるケースも増えてきています（用途規制は88頁・図表3-26参照）。

　図表3-4は東京都台東区の都市計画図です。都市計画図には用途地域の区分や建ぺい率・容積率、都市計画道路などが記載されています。

図表 3 - 5　用途地域以外の主な地域地区と内容

地域地区	内　容
特別用途地区	用途地域内の一定の地区における当該地区の特性にふさわしい土地利用の増進等の特別の目的を実現するために用途地域に指定を補完して定める。
高層住居誘導地区	利便性の高い高層住宅の建設を誘導するため、斜線制限等が緩和になる。
高度地区	建築物の高さの最高限度または最低限度を定める。
高度利用地区	容積率の最高限度および最低限度、建ぺい率の最高限度、建築面積の最低限度等を定める。
特定街区	客積率、建築物の高さの最高限度、壁面の位置の制限を定める。
防火地域・準防火地域	建築物の構造等について建築基準法で規制する。
風致地区	建築物の建築、宅地の造成等について、地方公共団体の条例で規制する。

②用途地域以外の主な地域地区

　用途地域以外の主な地域地区とその内容は**図表 3 - 5**の通りです。また、ここに掲載されている以外の地域地区には、「臨港地区」「歴史的風土保存地区」「特別緑地保全地区」「生産緑地地区」「駐車場整備地区」等があります。

　生産緑地地区…生産緑地地区とは、都市計画上、農林漁業との調和を図ることを主目的とした地域地区のひとつであり、その要件等は生産緑地法によって定められます。市街化区域内の農地等のうち、良好な生活環境の確保に相当の効用があり、公共施設等の敷地に供する用地として適している農地等について、生産緑地法に基づき都市計画として定める地区です（**図表 3 - 6**）。

　この制度により指定された農地等のことを生産緑地（せいさんりょくち）と呼びます。規模要件として、一団の土地面積が500㎡以上とされ

ていますが、区市町村の条例により規模を引き下げることも可能です（世田谷区では300㎡）。

　生産緑地は、農地等として営農することが義務付けられているため、一定のものを除き建築等の行為の制限を受けます。

　特定生産緑地…指定から30年を経過しようとする生産緑地地区について、農地所有者等の同意を得て、30年経過する前に区市長村が特定生産緑地に指定することで、買取り申出ができる時期を10年間延長することができます。

　買取りの申出…生産緑地地区の指定後30年が経過したときや、特定生産緑地の指定後10年が経過したときなどに、区市町村の長に対して生産緑地地区の買取りの申出を行うことができます。

図表3-6　生産緑地地区の指定・削除の流れ

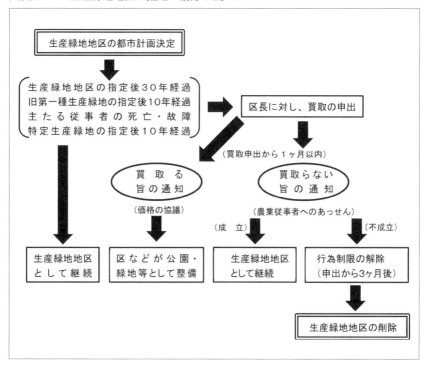

③田園住居地域

　平成30年４月から、新たな用途地域として「田園住居地域」が創設されました。これは、平成29年４月の都市計画法の改正によるもので、用途地域が従来の12種類から13種類となりました。

　田園住居地域は、都市機能に農業が含まれるという考え方に立つ仕組みであり、農地を都市の構成要素として位置づけるという意義があります。

　その創設の背景には、人口減に伴う宅地需要の沈静化、住民の都市農業に対する認識の変化などがあります。また、マンション等の建設に伴う営農環境悪化の防止などもあげられます。そして、住宅と農地が混在し、両者が調和して良好な居住環境と営農環境を形成している地域を、あるべき市街地像として都市計画に位置づけ、建築規制や開発規制を通じてその実現を図るべきとされています。

　都市計画法では、田園住居地域は「農業の利便の増進を図りつつ、これと調和した低層住宅に係る良好な住居の環境を保護するために定める地域とする」と規定されています。

＜地域特性に応じた建築規制＞

・立地が認められる建築物は、ａ．低層住居専用地域に建築可能な建築物と、ｂ．一定の農業用施設に限定されます。

　ａ．住宅、老人ホーム、保育所等
　　　日用品販売店舗、食堂・喫茶店等（150㎡以内）
　ｂ．農業の利便増進に必要な店舗等（農産物直売所、農家レストラン等（500㎡以内）
　　　農産物の生産、集荷、処理または貯蔵に供するもの
　　　農産物の生産資材の貯蔵に供するもの（農機具収納施設等）

・形態規制（容積率、建ぺい率等）は低層住居専用地域と同様となります。
　（容積率：50〜200％、建ぺい率：30〜60％、建物高さ：10mまたは12

　m、など）

＜農地の開発規制＞

・現況農地における「土地の造成」「建築物の建築」「物件の堆積」は市
　町村長の許可制となります。

・駐車場、資材置き場のための造成や土石等の堆積も規制対象となりま
　す。

・市街地環境を大きく改変するおそれがある一定面積（政令で300㎡と
　規定）以上の開発等は、原則不許可となります。

（4）都市計画施設

　都市計画施設とは、都市計画法11条１項で定められている都市施設の
うち、都市計画で定められたものをいいます。都市施設には、道路、公
園、河川、学校等がありますが、実務でよく出てくるものとして「都市

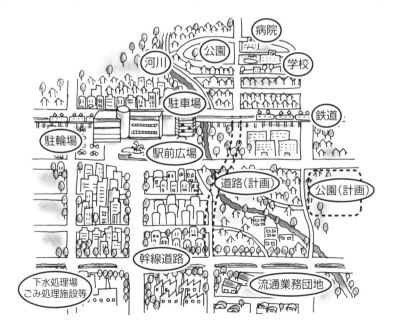

図表 3-7 台東区の都市計画道路

計画道路」があげられます（**図表 3-7**）。

　都市計画道路の予定地内では建築制限があります。その都市計画道路が計画決定の段階では、容易に移転除去でき、階数 2 以下で地階がなく、主要構造部が木造、鉄骨造等であれば建物の建築は許可されます。

しかし、商業地域で中高層建築物が建てられるような地域の場合、前述のような建物しか建築できないため、土地の有効利用が阻害される要因となります。

また、計画は決定しているものの、事業認可は未定といった場合、長期にわたって建築制限を受けるので、担保価値を阻害する要因のひとつとなるでしょう。最近では、事業認可の見通しが立たない都市計画道路を廃止する動きも出てきています。

一方、都市計画事業認可を受けている場合は、一定の場合を除き、施行者に対して時価での買取請求ができますし、いずれ時価で買収されますから、特に減価の要因とはなりません。

なお、都市計画施設内に所在する、面積が200㎡以上の土地を有償で譲渡（売買や交換など）しようとする場合は、「公有地の拡大の推進に関する法律」に基づく届出が必要となります。

また、都市計画施設内に所在する、面積が100㎡以上の土地について、地方公共団体による買取りを希望するときは、同法に基づく申し出をすることができます。

（5）開発許可制度

都市計画区域と準都市計画区域では、開発許可制度の適用があります。都市計画法29条には「都市計画区域又は準都市計画区域において開発行為をしようとする者は、あらかじめ、国土交通省令で定めるところにより、都道府県知事（指定都市、中核市または特例市においては市長）の許可を受けなければならない。」と定められています。

ここでいう「開発行為」とは、主として建築物の建築または特定工作物（アスファルトプラント等の周辺地域の環境悪化をもたらすおそれのある大規模工作物やゴルフコース等の大規模工作物）の建設の用に供する目的で行う土地の区画形質の変更をいいます（都市計画法4条12項）。

また「区画の変更」とは、建築の目的のため、土地の区画を物理的に

変更することをいいます。したがって、単なる分筆や合筆は区画の変更には該当しません。そして「形質の変更」とは、建築物の建築のための切土・盛土・整地のことをいいます。

　許可不要の行為は**図表3-8**の通りです。都市圏の市街化区域では面積要件が厳しく、また市街化調整区域では面積要件がありません。

　開発行為は都市計画法33条の要件を満たす必要があり、手続きも面倒なため、開発許可手続きを経ない、いわゆる「ミニ開発」も行われています。通常は位置指定道路を入れることで、住宅分譲を行います。

　開発許可を受けられるまでの期間は、申請してから3〜9ヵ月の期間を要します。許可を受けた後に建築確認申請を出し、確認を受けた後に

図表3-8　許可不要の行為

	市街化区域	市街化調整区域	非線引都市計画区域	準都市計画区域	左記以外
（1）	原則1,000㎡未満[注1、2]	—	原則3,000㎡未満[注1]		1ha未満
（2）	—	農林漁業用の一定の建築物用の開発行為 農林漁業者の居住の用に供する建築物用の開発行為			
（3）	駅舎等の鉄道施設、図書館、公民館、変電所等、公益上必要な施設を建築するための開発行為				
（4）	都市計画事業（の施行として行う行為。以下（6）まで同じ）				
（5）	土地区画整理事業、市街地再開発事業、防災街区整備事業→都市計画事業とならない場合でも。			—	
（6）	住宅街区整備事業		—		
（7）	公有水面埋立法の免許を受けた埋立地で竣工認可の告示前において行う行為				
（8）	非常災害のための応急措置として行う行為				
（9）	通常の管理行為、軽易な行為等				

※国、都道府県等が行う開発行為は、都道府県知事との協議の成立をもって許可とみなされる。
（注）1　一定の場合は都道府県の条例で、区域を限り、300㎡以上の範囲で、その規模を別に定めることができる。（注）2　三大都市圏の一定の区域は500㎡未満。

建築行為が可能となるため、事業期間が長期に及ぶ可能性があります。また、開発許可は、各自治体で事前協議等の対応スピードがかなり異なりますので、自治体の対応を事前に把握しておくことも必要です。融資を検討する際はこれらのことに留意する必要があります。

　以下に台東区の例を掲げますので、参考にしてください（**図表3-9**）。

図表3-9　台東区のケース

《事例》次のような事例で、開発区域の面積が500m²以上（令第19条第2項）のものについては、開発行為の許可が必要となります。

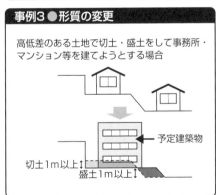

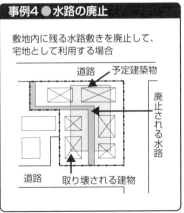

2 建築基準法

(1) 建築基準法とは何か

建築基準法は、建物の敷地、構造、設備および用途に関する最低の基準を定めて、国民の生命、健康および財産の保護を図り、もって公共の福祉に資すること（建築基準法1条）を目的としており、都市計画法と補完関係にある重要な法規制です。

建築基準法の規定は**図表3-10**のような体系になっています。

図表3-10　建築基準法の体系

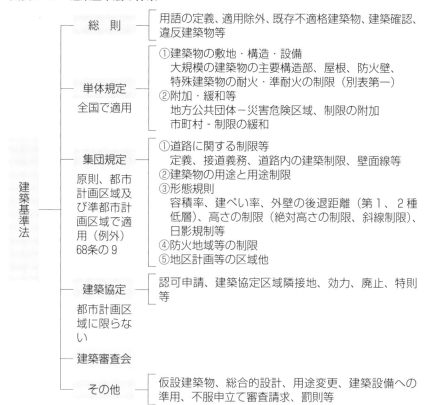

　本書では、このうち「総則」と「集団規定」の主なものについて説明します。

（2）総則

①建築基準法が適用されない建築物

　建築基準法が適用されない建築物には、主に文化財保護法の規定によって指定された建築物と「既存不適格建築物」があります。担保評価に関連するのは、既存不適格建築物です（**図表3-11**）。

図表3-11　既存不適格建築物

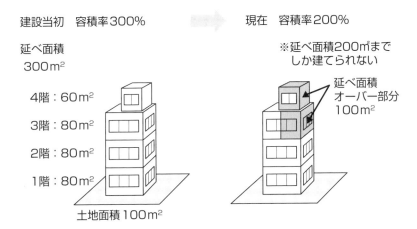

　既存不適格建築物とは、建築基準法施行・適用の際、現に存するまたは現に工事中の建築物で、施工後の規定に適合しない部分を有する建築物のことです。

　既存不適格建築物は既得権に配慮したものであり、既存不適格建築物が取り壊され、新たに新築される場合には、現在の建築基準法の規制に適合させなければなりません。ただし、増築・改築には緩和規定があります。

　担保評価的には、既存不適格部分の価値をどう見るかがテーマになり

ますが、これについては後述します。

②建築確認

　一定の建築物の新築・改築等をする場合には、建築確認申請書を提出して、建築主事等の確認を受けなければなりません。建築確認から使用開始までのプロセスは**図表3-12**の通りです。

図表3-12　建築確認のプロセス

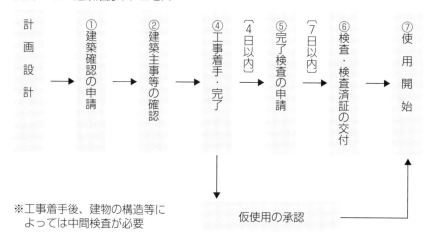

計画設計 → ①建築確認の申請 → ②建築主事等の確認 → ④工事着手・完了 →〔4日以内〕→ ⑤完了検査の申請 →〔7日以内〕→ ⑥検査・検査済証の交付 → ⑦使用開始

※工事着手後、建物の構造等によっては中間検査が必要

仮使用の承認

　建築確認関連の資料として、建築確認申請時の申請書類、検査済証があります。依頼者から入手できない場合は、役所の建築指導課などで「建築計画概要書」(**図表3-13**)が閲覧できます。

　登記されている建物の内容(面積など)と申請書に記載されている内容とが異なっている場合も多く、どちらの面積を採用するかで微妙に評価額が変わってくることもあります。

　担保評価では一般的に登記面積を採用することが多いですが、面積が大きく異なっている場合などは、なぜ違うのかの確認と、どの数量を採用するかの検討が必要です。

　また、検査済証は、それがないと融資してもらえないケースもあり、重要な資料となっています。なお、新築年次が古く、役所に建築計画概

要書が保存されていない場合は、「建築確認申請受付台帳記載事項証明書」（**図表3-14**）を発行してもらえます。

　なお、検査済証については、該当する建物が完了検査を受けていれば、建築計画概要書の最終頁に検査済証についての記載がなされることが多いですが、記載されていないケースもあります。

　よって、検査済証についての記載のない場合は、必ず役所の窓口にその有無を確認するようにしましょう。記載事項証明書も同様の確認が必要です。

　実務では、建築確認が済んでいても検査済証がない、すなわち、完了検査が行われた記録がない、というケースにしばしば出くわします。このような場合は、現在の建物が合法的な状態にあるのかどうかを十分に調査する必要があります。

　筆者など不動産鑑定士がこのような物件を担保評価で扱う場合、検査済証がないことを鑑定評価書へ記載のうえ、調査の結果と遵法性についての記載も行います。そこで遵法性に疑義がある場合は、相応の減価をすることになります。

　また、重要事項説明書がある場合は、遵法性についての記載があるはずなので、それも参考となるでしょう。

　それと、もう一点重要なことがあります。検査済証は、あくまで新築時に合法的に建築されていることを証明するものです。すなわち、現在の建物が合法的な状態にあることを証明するものではないということです。例えば、10年前に合法的に建築していても、建築後に増改築が行われ、現在では容積率や建ぺい率を超過しているなどの物件がときどき存在します。

　したがって、検査済証があったとしても、現在の建物が建築基準法や都市計画法等各種法令や条例を満たしているのかどうかをしっかり調査することが必要です。

図表 3-13　建築計画概要書（例）

建 築 計 画 概 要 書

建築主	氏　　　名					
	住　　　所			電話		番

敷地の位置	地名地番					
	用途地域	住居地域	その他の区域、地域、地区、街区			
	防火地域	防火・準防火・指定なし		法第22条指定区域内		

主　要　用　途			工　事　種　別	増築

建築物	申請にかかる	高　　さ	地上　14.32　m　　　　　　　　　　地下	建ぺい率 5.4／10	容積率 8.1／10
		階　　数	地上　2　　　　　階　　　　　地下　　　　　階		
		構　　造	鉄筋コンクリート　　造　　　　　一部　　　　　造		

		申　請　部　分	申請以外の部分	合　　計
敷　地　面　積				19,231.815　㎡
建　築　面　積		443.034　㎡	9,824.101　㎡	10,257.135　㎡
延　べ　面　積		843.84　㎡	14,612.741　㎡	15,456.581　㎡

設計者	事　務　所				
	所　在　地			電話	番
	氏　　　名				

施工者	事　務　所				
	所　在　地			電話	番
	氏　　　名				

代理者	事　務　所				
	所　在　地			電話	番
	氏　　　名				

図表3-14　建築確認申請受付台帳記載事項証明書（例）

建築確認申請受付台帳記載事項証明書				
建築主氏名				
建築場所（地番）				
用　途	店舗、共同住宅			
工事種別	新築			
構　造	鉄骨造		地上　3階　　地下　一階	
面　積	敷地面積　　　　　㎡	建築面積　　　　　㎡	延べ面積　　　　　㎡	
確認済証 交付年月日・番号	令和○年○月○日　　　第　　　号			
検査済証 交付年月日・番号	記載なし			
備　考	区受付番号　　　　第　　　号			

上記のとおり、建築確認申請受付台帳に記載されている内容と相違ないことを証明します。

　　令和○年○月○日

　　　証第　　　号

（3）集団規定

　集団規定は、市街地における建築物を規制することによって良好な環境の保護を目的としています。したがって、この規定は原則として都市計画区域および準都市計画区域においてのみ適用されます。

　建築基準法では、42条で道路について43条で接道義務について規定していますが、本書ではまず接道義務について解説し、次に建築基準法上の道路について解説します。

①接道義務

　担保不動産（土地）として特に重要なことは、その土地に（再建築も含め）建物が建てられるかどうかということです。

　建築基準法では、都市計画区域内（準都市計画区域内）においては、建築基準法上の道路に２ｍ以上接していなければ建物は建築できない、と規定されています（**図表３-15**）。

第43条（敷地等と道路の関係）

> 第１項　建築物の敷地は、道路（次に掲げるものを除く。第四十四条第一項を除き、以下同じ。）に二メートル以上接しなければならない。
> 　一・二　　（略）
> 第２項　前項の規定は、次の各号のいずれかに該当する建築物については、適用しない。
> 　一　その敷地が幅員四メートル以上の道（道路に該当するものを除き、避難及び通行の安全上必要な国土交通省で定める基準に適合するものに限る。）に二メートル以上接する建築物のうち、利用者が少数であるものとしてその用途及び規模に関し国土交通省令で定める基準に適合するもので、特定行政庁が交通上、安全上、防火上及び衛生上支障がないと認めるもの
> 　　　　　　　　　　　　　　　　　　　　　　　　　　　→認定制度
> 　二　その敷地の周囲に広い空地を有する建築物その他の国土交通省令で定める基準に適合する建築物で、特定行政庁が交通上、安全上、防火上及び衛生上支障がないと認めて建築審査会の同意を得て許可したもの　→許可制度

建築基準法施行規則第10条の3

> 第１項　法第四十三条第二項第一号の国土交通省令で定める基準は、次の各号のいずれかに掲げるものとする。　　　　　　　　　　　　　→認定制度
> 　一　農道その他これに類する公共の用に供する道であること。
> 　二　令第百四十四条の四第一項各号に掲げる基準に適合する道であること。
> 第２項（略）
> 第３項　法第四十三条第二項第一号の国土交通省令で定める建築物の用途及び規模に関する基準は、延べ面積（同一敷地内に二以上の建築物がある場合にあっては、その延べ面積の合計）が二百平方メートル以内の一戸建ての住宅であることとする。　　　　　　　　　　　　　　　　　　　　　　→認定制度
> 第４項　法第四十三条第二項第二号の国土交通省令で定める基準は、次の各号のいずれかに掲げるものとする。　　　　　　　　　　　　　→許可制度
> 　一　その敷地の周囲に公園、緑地、広場等広い空地を有する建築物であること。
> 　二　その敷地が農道その他これに類する公共の用に供する道（幅員四メートル以上のものに限る。）に二メートル以上接する建築物であること。
> 　三　その敷地が、その建築物の用途、規模、位置及び構造に応じ、避難及び通行の安全等の目的を達するために十分な幅員を有する道路であって、道路に通ずるものに有効に接する建築物であること。

　建築基準法改正（平成30年6月27日公布）によって、新たに43条2項1号に基づく認定制度が創設されました。従来、許可として取り扱っていたものの一部について、法令の要件および43条2項1号の規定に基づく認定基準等に適合する場合、認定の取扱いとなります。この場合、建築審査会の同意は要しません。

　また、これまでの43条1項ただし書許可は43条2項2号許可になりました。

図表3-15　接道義務

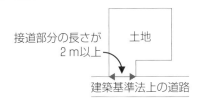

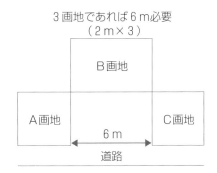

　担保適格性に照らせば、接道義務を満たしていない土地は「担保不適格」ということになります。接道義務を満たしていない土地を「無道路地」といいますが、実務ではしばしば出くわす場合がありますので注意します。

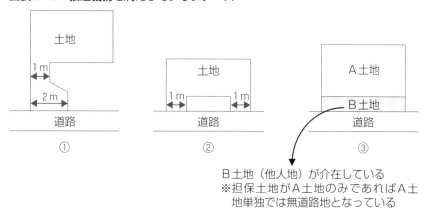

図表3-16　接道義務を満たしていないケース

B土地（他人地）が介在している
※担保土地がA土地のみであればA土地単独では無道路地となっている

　図表3-16の③は建築基準法上の道路との間に第三者の土地が介在しており、無道路地となってしまうケースです。

　接道義務は担保評価の中で最も重要な規定であり、筆者は無道路地であれば▲50％程度の減価をします。つまり担保価値が半減ということです。現在建物が建っていても再建築は不可能なわけですから、当然です。

　無道路地については、第5章（物件別担保評価の方法）で詳しく説明します。

②建築基準法上の道路

　建築基準法43条では、都市計画区域内（準都市計画区域内）においては、建築基準法上の道路に2m以上接していなければ建物は建築できない、と規定されていることは前項で述べましたが、「建築基準法上の道路」とは、どのような道路のことを指すのでしょうか。

　建築基準法上の道路とは、原則として「幅員4m以上で、建築基準法42条1項に定める道路」のことをいいます（**図表3-17**）。なお、地域によっては幅員6m以上の場合もあります（特定行政庁がその地方の気候もしくは風土の特殊性または土地の状況により必要と認めて都道府県都市計画審議会の議を経て指定する区域内では6m）。

　なお、建築基準法上の道路は、都市計画区域および準都市計画区域内にのみ適用されるもののため、都市計画区域外での適用はありません。すなわち、都市計画区域外では接道義務もないということになります。

　しかし、自治体の条例等により何らかの規定を設けている場合もありますので、必ず役所の担当部署で確認するようにします。

図表3-17　建築基準法上の道路の定義

道路種別	内　　容	具体例・留意点
42条1項1号	道路法による道路	国道、都道府県道、市区町村道
42条1項2号	都市計画法、土地区画整理法等による道路	都市計画法における開発許可を得て造成された宅地分譲地内の道路など。
42条1項3号	建築基準法施行時あるいは都市計画区域指定時にすでにあった道路	通称：既存道路、法以前道路 私道でもよい。
42条1項4号	道路法、都市計画法、土地区画整理法等で2年以内に事業が執行される予定のものとして特定行政庁が指定したもの。	通称：計画道路
42条1項5号	道路法、都市計画法等によらないで特定行政庁からその位置の指定を受けたもの。	通称：位置指定道路 都市計画法による開発許可を要しない小規模（いわゆるミニ開発）の区域内道路など。
幅員4m未満		
42条2項	建築基準法施行の際または都市計画区域指定の際、すでに建物が立ち並んでいた**幅員4m未満**の道で、特定行政庁の指定したもの。	通称：2項道路 道路の中心線から2mの線を道路境界線とみなす。 片側が川などの場合は、その川から4mの線を道路境界とみなす。

＜それぞれの道路の説明＞

・42条1項1号（道路法による道路）…道路法による道路の種類として
は、①高速自動車道、②一般の国道、③都道府県道、④市町村道・区
道、などがありますが、①高速自動車道については専ら自動車専用で
あり、道路内の建築制限に係る建物を除き、建築基準法上は「道路」
とみなされません。

・42条1項2号（都市計画法等による道路）…この道路は都市計画法、
土地区画整理法、都市再開発法等によって築造された道路で、工事完
了後は道路法上の道路となるのが一般的です。

・42条1項3号（既存道路）…この道路は建築基準法第3章（集団規定）
が適用された際（昭和25年11月23日）すでに存在していた道路のこと
で、私道の場合もあります。

・42条1項4号（事業執行予定の道路）…道路法、都市計画法、土地区
画整理法等による新設または変更の事業計画のある道路で、2年以内
にその事業が執行される予定のものとして特定行政庁が指定した道路
のことです。

　なお、都市計画道路については、42条1項4号の指定前でも特定行政
庁が交通上、安全上、防火上および衛生上支障がないと認める建築物に
ついては、当該計画道路を前面道路とみなすことができます（建築基準
法施行令131条の2）。

・42条1項5号（位置指定道路）…この道路は、土地を建築物の敷地と
して利用するため、道路法、都市計画法、土地区画整理法等によらな
いで築造する政令で定める基準に適合する道路で、これを築造しよう
とするものが特定行政庁からその位置の指定を受けたものをいいます。

　位置指定道路は、幅員が4m以上あり、原則として両側に隅切りを設
けること、また、原則として両端が他の道路に接続したもの（通り抜け
道路）であることが必要です（**図表3-18、写真3-1**）。

図表3-18　位置指定道路①

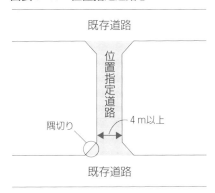

写真3-1　位置指定道路の例

　ただし、延長が35m以下の場合や、幅員が6m以上の場合などは「袋状道路（行き止まり路）」とすることができます（建築基準法施行令144条の4）（**図表3-19**）。

図表3-19　位置指定道路②（行き止まり路の場合）

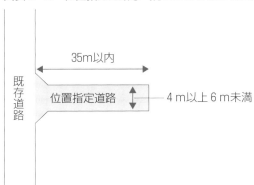

　また、位置指定道路のうち、袋状道路には次のような形態の道路もあります。

　a.終端が公園、広場、その他これらに類するもので自動車の回転に支障がないものに接続している場合（**図表3-20**）

図表3-20　位置指定道路③

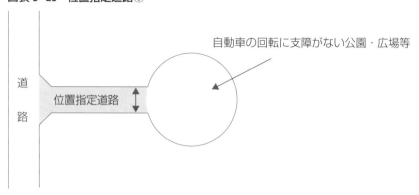

b. 延長が35mを超える場合で、終端および区間35m以内ごとに国土
交通大臣の定める基準に適合する自動車の回転広場が設けられて
いる場合（**図表3-21**）

図表3-21　位置指定道路④

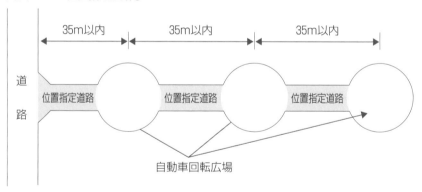

＜位置指定道路の申請＞

　位置指定道路の申請は、主に宅地分譲などのミニ開発で開発区域内の
道路とする場合に行われます。

　図表3-22では、通路部分だけに接する敷地としてA、B、Cの3画
地があります。これらの画地は建築基準法上の道路に当該通路を介して

接しているだけで直接接していません。当該通路部分は各画地の敷地と みなされ、接道義務を満たすには当該通路部分は3画地分（2m×3画 地＝6m）の幅員が必要となります。

　しかし、通路部分の幅員は4mしかないため、A、B画地（2画地分） の接道義務を満たすにすぎず、残りの1画地であるC画地は接道義務を 満たさないことになります。

　そこで、当該通路部分が位置指定道路に指定されると、建築基準法上 の道路となるため、この位置指定道路に接面する3画地とも接道義務を 満たし、建物の建築が可能となるわけです。

図表3-22　位置指定道路の指定

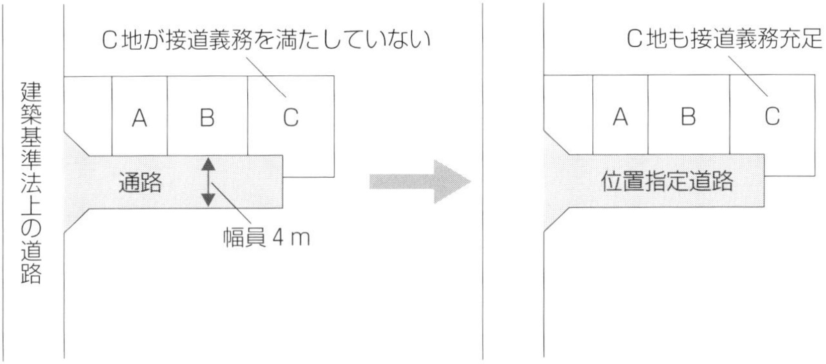

・42条2項道路

　建築基準法上の道路の幅員は原則4m以上（6m以上の地域もあり） ですが、例外として、幅員1.8m以上4m（6m指定区域では6m）未 満で、都市計画区域が指定されるに至った際、現に建築物が建ち並んで いる道で特定行政庁の指定したものは、建築基準法上の道路とみなされ ます（建築基準法42条2項、通称「2項道路」という）。

　2項道路では、道路の中心線からの水平距離2m（6m指定区域では 3m）の線が道路境界線とみなされ、建物の再建築にあたっては、再建 築建物はみなし道路境界線からはみ出さないように建築しなければなり

ませんので、4m以上の幅員が確保されるわけです。

　また、42条2項ただし書きでは、2項道路が川、崖地、線路敷等に接する場合には、それらの側の境界線から4m（6m指定区域では6m）の線が道路境界線とみなされます。

　なお、1.8m以下でも2項道路となり得ますが、その指定を行う場合は特定行政庁があらかじめ建築審査会の同意を得ることとなっています（建築基準法42条6項）。

図表3-23　セットバック

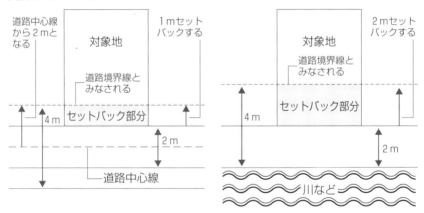

　図表3-23の場合、幅員が2mのため担保土地内にみなし道路境界線が引かれるかたちとなり、このみなし道路境界線と実際の境界との間の土地（図の　　部分）がセットバック部分です。

　この部分には新たに建物や塀などを建てることはできず、また、現在ある建物はそのまま使えますが、前述の通り、セットバック部分に再建築はできません。

　このセットバック部分は、後述する建ぺい率・容積率の算定に使われる敷地面積には含まれないので、注意が必要です。

　その他、3項から6項についての概要については**図表3-24**にまとめておきます。

図表 3-24　3 項から 6 項道路の留意点

項	幅　員	名称等	留意点
3 項	幅員2.7m以上 4 m未満 （幅員 6 m区域では2.7m 以上 6 m未満）	3 項道路	3 項道路は、 2 項道路に該当し、中心線から 2 m（ 3 m）セットバックしなければならないのを特定行政庁が1.35m以上 2 m未満（ 6 m指定区域では1.35m以上 3 m未満）の範囲内に緩和指定するもの。
4 項	幅員 6 m指定区域内の 幅員 6 m未満の道路	4 項道路	1 号道路、 2 号道路、 3 号道路がある。
5 項	幅員 6 m指定区域内の 幅員 4 m未満の道路	5 項道路	6 m区域指定時に既に存していた道路で、幅員 4 m未満。
6 項	幅員1.8m未満	6 項道路	幅員1.8m以上は建築基準法上の道路の要件だが、 6 項道路は例外規定。

③用途制限

　建築基準法では**図表 3 -26**のように用途地域別の建築制限を規定しています（建築基準法48条、別表第 2 ）。なお、住居系の用途地域における店舗・事務所等の制限は**図表 3 -25**の通りです。

図表 3 -25　店舗・事務所等の制限

	店　舗	事務所
第 1 種低層住専	兼用住宅で店舗の用途が50㎡以下	兼用住宅で事務所の用途が50㎡以下
第 2 種低層住専 田 園 住 居 地 域	2 階以下、かつ、150㎡以下	兼用住宅で事務所の用途が50㎡以下
第 1 種中高層住専	2 階以下、かつ、500㎡以内	兼用住宅で事務所の用途が50㎡以下
第 2 種中高層住専	2 階以下、かつ、1,500㎡以下	2 階以下、かつ、1,500㎡以下
第 1 種住居地域	3,000㎡以下	3,000㎡以下
第 2 種住居地域	10,000㎡以下	規模にかかわらず可
準 住 居 地 域	10,000㎡以下	規模にかかわらず可

※兼用住宅（店舗・事務所等の部分が一定規模以下のもの）：延面積に対し非住宅部分が$\frac{1}{2}$未満、かつ、非住宅部分の床面積が50㎡以下の場合は住宅として扱われる。

図表 3-26　用途規制（48条・別表第2）

分　類	建築物の用途		第1種 低層 住居専 用地域
公共施設等	巡査派出所、公衆電話所等		○
宗教施設	神社、寺院、教会等		○
住宅	住宅、共同住宅、寄宿舎、下宿		○
	兼用住宅のうち店舗、事務所等の部分が一定規模以下のもの		○
文教施設	幼稚園、小学校、中学校、高等学校		○
	大学、高等専門学校、専修学校		×
	図書館等		○
	自動車教習所		×
医療福祉 施設	老人ホーム、身体障害者福祉ホーム		○
	保育所等、一般公衆浴場、診療所		○
	老人福祉センター、児童厚生施設等		△(注)1
	病院		×
店舗・ 飲食店・ 事務所等	床面積の合計が150㎡以内のもの		×
	床面積の合計が500㎡以内のもの		×
	上記以外の物品販売業を含む店舗、飲食店		×
	上記以外の事務所		×
レジャー 施設	ホテル、旅館		×
	劇場、映画館、演芸場、観覧場 （客席の部分の床面積の合計が200㎡未満のもの）		×
	劇場、映画館、演芸場、観覧場 （客席の部分の床面積の合計が200㎡以上のもの）		×
	ボーリング場、スケート場、水泳場等		×
	カラオケボックス等		×
	風俗 営業	キャバレー、料理店、ナイトクラブ、ダンスホール等	×
		マージャン屋、ぱちんこ屋、射的場、勝馬投票券販売所等	×
		個室付浴場等	×

第2種低層住居専用地域	第1種中高層住居専用地域	第2種中高層住居専用地域	第1種住居地域	第2種住居地域	準住居地域	田園住居地域	近隣商業地域	商業地域	準工業地域	工業地域	工業専用地域
○	○	○	○	○	○	○	○	○	○	○	○
○	○	○	○	○	○	○	○	○	○	○	○
○	○	○	○	○	○	○	○	○	○	○	×
○	○	○	○	○	○	○	○	○	○	○	×
○	○	○	○	○	○	○	○	○	○	×	×
×	○	○	○	○	○	×	○	○	○	×	×
○	○	○	○	○	○	○	○	○	○	○	×
×	×	×	△(注)4	○	○	×	○	○	○	×	×
○	○	○	○	○	○	○	○	○	○	○	×
○	○	○	○	○	○	○	○	○	○	○	○
△(注)1	○	○	○	○	○	△(注)1	○	○	○	○	×
×	○	○	○	○	○	×	○	○	○	×	×
○	○	○	○	○	○	○	○	○	○	○	×(注)2
×	○	○	○	○	○	△(注)6	○	○	○	○	×(注)2
×	×	△(注)3	△(注)4	○	○	×	○	○	○	○	×
×	×	△(注)3	△(注)4	○	○	×	○	○	○	○	○
×	×	×	△(注)4	○	○	×	○	○	○	×	×
×	×	×	×	×	○	×	○	○	○	○	×
×	×	×	×	×	×	×	○	○	○	○	×
×	×	×	△(注)4	○	○	×	○	○	○	○	×
×	×	×	×	○	○	×	○	○	○	○	○
×	×	×	×	×	×	×	×	○	○	○	○
×	×	×	×	○	○	×	○	○	○	○	○
×	×	×	×	×	×	×	×	○	×	×	×

分 類		建築物の用途	第1種 低層 住居専 用地域	
工 場		作業場の床面積の合計が50㎡以下で、危険性や環境を悪化させるおそれが少ないもの	×	
		作業場の床面積の合計が150㎡以下で、危険性や環境を悪化させるおそれが少ないもの	×	
		作業場の床面積の合計が150㎡を超えるもの、または危険性や環境を悪化させるおそれがやや多いもの	×	
		危険性が大きい、または著しく環境を悪化させるおそれがあるもの	×	
	自動車 修理工場	作業場の床面積の合計が150㎡以下	×	
		作業場の床面積の合計が300㎡以下	×	
		日刊新聞の印刷所	×	
その他	自動車 車庫	2階以下かつ床面積の合計が300㎡以下	×	
		3階以上又は床面積の合計が300㎡超（注）5	×	
		営業用倉庫	×	
		床面積の合計が15㎡を超える畜舎	×	
		火薬類、石油類、ガス等の危険物の貯蔵、処理の量が非常に少ない施設	×	
		火薬類、石油類、ガス等の危険物の貯蔵、処理の量が少ない施設	×	
		火薬類、石油類、ガス等の危険物の貯蔵、処理の量がやや多い施設	×	
		火薬類、石油類、ガス等の危険物の貯蔵、処理の量が多い施設	×	
		一定の農業用施設（農産物の生産や生産資材の収納施設など）	×	

（注）1　一定規模以下のものに限り建築可能。
（注）2　物品販売店舗、飲食店が建築禁止。
（注）3　当該用途に供する部分が2階以下かつ1,500㎡以下の場合に限り建築可能。
（注）4　当該用途に供する部分が3,000㎡以下の場合に限り建築可能。
（注）5　一定規模以下の付属車庫等を除く。
（注）6　農産物直売所、農家レストラン等のみ。

第2種低層住居専用地域	第1種中高層住居専用地域	第2種中高層住居専用地域	第1種住居地域	第2種住居地域	準住居地域	田園住居地域	近隣商業地域	商業地域	準工業地域	工業地域	工業専用地域
×	×	×	○	○	○	×	○	○	○	○	○
×	×	×	×	×	×	×	○	○	○	○	○
×	×	×	×	×	×	×	×	×	○	○	○
×	×	×	×	×	×	×	×	×	×	○	○
×	×	×	×	×	○	×	○	○	○	○	○
×	×	×	×	×	×	×	○	○	○	○	○
×	×	×	×	×	×	×	○	○	○	○	○
×	○	○	○	○	○	×	○	○	○	○	○
×	×	×	×	×	○	×	○	○	○	○	○
×	×	×	△(注)4	○	○	×	○	○	○	○	○
×	×	△(注)3	△(注)4	○	○	×	○	○	○	○	○
×	×	×	×	×	×	×	○	○	○	○	○
×	×	×	×	×	×	×	×	×	○	○	○
×	×	×	×	×	×	×	×	×	×	○	○
×	×	×	×	×	×	○	×	×	×	×	×

都市計画法の解説で用途地域のイメージを記載しましたが、これらの表に基づいて表現しています。

　住居系では、第1種低層住居専用地域が最も厳しい規制内容であり、東京の田園調布や兵庫の芦屋などにある閑静な高級住宅街などが典型的な地域です。第1種・第2種住居地域では、やや雑然とした住宅地域、準住居地域になると住商混在地といった様相を呈してきます。

　商業系は、東京の大手町や銀座、大阪の梅田や心斎橋が典型的ですが、十数年前から都心の商業地域においてもマンションが建設されるようになってきており、商業地域だからといって必ずしもオフィスや店舗だけではなくなってきています。

　また、準工業地域や工業地域でも工場撤退跡地にマンションが建築され、逆に騒音問題から、さらに他の工場も撤退を余儀なくされる、といったケースも出てきています。

　このように、表面上の用途地域の名称と実際の地域の実情は必ずしも一致しなくなってきており、現地調査においてどのような状況にあるのかを確認することが、このような意味からも重要と考えます。

④建ぺい率

　建築物の敷地には、防火上あるいは衛生上の観点から一定の空間を設けることが望ましいため、建築基準法では、各地域について建築物の建築面積の敷地面積に対する割合（建ぺい率）の最高限度を定め、敷地における建築物の建築面積を制限しています（**図表3-27**）。

　図表3－27①、②のように建ぺい率には緩和措置がありますが、令和元年6月に施行された「建築基準法の一部を改正する法律」により、さらに準防火地域の耐火・準耐火建築物の建ぺい率が10％緩和されることになりました。

　家賃相場の高い地域で賃貸住宅を建てる場合は、建ぺい率の緩和により建築面積が増えますので、家賃収入の増加が期待できます。

図表3-27 建ぺい率の式と用途地域別建ぺい率

建ぺい率＝$\dfrac{建築面積}{敷地面積}$　　最大建築面積＝敷地面積×建ぺい率

用途地域別建ぺい率

用途地域	建ぺい率	①防火地域内の耐火建築物	②特定行政庁指定の角地等	①+②
第1種低層住居専用地域 第2種低層住居専用地域 第1種中高層住居専用地域 第2種中高層住居専用地 田園住居地域	30%、40%、50%、60%	+10%	+10%	+20%
第1種住居地域 第2種住居地域 準住居地域 準工業地域	50%、60%、80%	+10% （※）	+10%	+20% （※）
近隣商業地域	60%、80%	+10% （※）	+10%	+20% （※）
商業地域	80%	無制限	+10%	無制限
工業地域	50%、60%	+10%	+10%	+20%
用途地域指定のない地域	30%、40%、50%、60%、70%	+10%	+10%	+20%

・商業地域以外の建ぺい率は都市計画において定める。
・用途地域指定のない地域については都道府県都市計画審議会の議を経て定める。
・隣地境界線から後退して壁面線の指定がある場合等において、当該壁面線等を越えない建築物で、特定行政庁が許可したものの建ぺい率は、その許可の範囲内において緩和される。
※建ぺい率80%の場合は無制限

⑤容積率

　市街地の環境の保護を図るため、建築物の高さを制限する目的で、建築物の延べ面積の敷地面積に対する割合（容積率）の最高限度を定めています（**図表3-28**）。

図表3-28　容積率の式と用途地域別容積率

$$容積率＝\frac{延べ面積}{敷地面積} \qquad 最大延べ面積＝敷地面積×容積率$$

用途地域別容積率

用途地域	容積率
第1種低層住居専用地域 第2種低層住居専用地域 田園住居地域	50%、60%、80%、100%、150%、200%
第1種中高層住居専用地域 第2種中高層住居専用地域 第1種住居地域 第2種住居地域 準住居地域 近隣商業地域 準工業地域	100%、150%、200%、300%、400%、500%
工業地域 工業専用地域	100%、150%、200%、300%、400%
商業地域	200%、300%、400%～1,300%
用途地域の指定のない区域	50%、80%、100%、200%、300%、400% のいずれか

・記載の数値のうちから都市計画で定める。
・特定行政庁が都道府県都市計画審議会の議を経て定める。

＜前面道路の幅員による容積率の制限＞

　前面道路（2つ以上の道路に面する場合は広い方）の幅員が12m未満の場合は、次のa、bのうち小さい方が容積率の限度となります。

　a．都市計画で定められた容積率

　b．道路の幅員×法定乗数

　なお、法定乗数は**図表3-29**の通りです。

図表3-29　法定乗数表

用途地域		法定乗数
住居系	第1種低層住居専用地域、第2種低層住居専用地域 田園住居地域	0.4
	第1種中高層住居専用地域、第2種中高層住居専用地域、第1種住居地域、第2種住居地域、準住居地域	0.4 （特定行政庁が都道府県都市計画審議会の議を経て指定する区域内の建築物は0.6）
その他	近隣商業地域、商業地域、準工業地域、工業地域、工業専用地域、用途地域の指定がない区域	0.6 （特定行政庁が都道府県都市計画審議会の議を経て指定する区域内の建築物は0.4または0.8（数値は特定行政庁が都道府県都市計画審議会の議を経て定める））

※高層住居誘導地区内の3分の2以上が住居用途の建築物は0.6

＜延べ面積に算入されないもの＞

　共同住宅の共用廊下、共用階段、エレベーターホール、エントランスホール等の床面積は延べ面積に算入されません。一方で、収納スペース、集会室等は算入されます（**図表3-30**）。

　また、自動車車庫の床面積は、建築物の床面積の5分の1を限度として延べ面積に算入しないこととなっています。地下室の床面積も一定の条件のもと、延べ面積に算入されない部分があります。

　マンションなどの共同住宅は、延べ床の登記面積が許容容積率による延べ床面積を超えているケースがありますが、前述のように容積率計算上は不算入の場合がある、ということを覚えておいてください。

図表3-30　共同住宅の容積率不算入

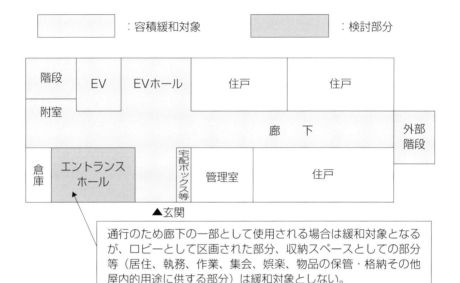

<＜特定道路による容積率の緩和措置＞

　建築物の敷地の前面道路が特定道路（幅員が15m以上の道路）に接続する幅員6m以上12m未満の道路である場合で、かつ、特定道路からの延長が70m以内の場合には、容積率の制限が緩和されます。

　具体的には、次のa、bのうち小さい方が限度となります。

a．都市計画で定められた容積率

b．（道路の幅員＋A）×法定乗数

　　　Aの算式

$$A = （12m - 前面道路の幅員） \times \frac{70m - Lm}{70m}$$

文章では分かりにくいので、図示します（**図表3-31**）。

図表3-31　特定道路

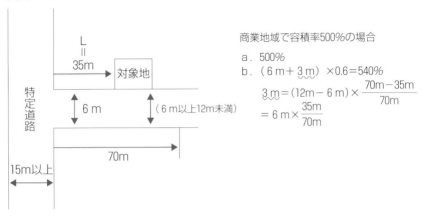

この規定により、前面道路の幅員による容積率は緩和されますが、都市計画において定められた容積率の限度は超えることはできません。すなわち、a、bのうち小さい方が限度となり、この図の場合は500％となります。

しかし、特定道路から70m超の場所では、前面道路の幅員による容積率の制限により容積率360％（6m×0.6）までしか使えないため、特定道路に近いことにより容積率が緩和されるわけです。

⑥建築物の高さの制限

＜斜線制限＞

建築基準法では、日照や通風を確保するため、道路や隣地との間に一定の空間を設けるよう規制しています。これを斜線制限といい、道路斜線制限、隣地斜線制限、北側斜線制限の3種類があります。

道路斜線制限…道路斜線制限は全用途地域と用途地域の指定のない区域に適用されます（**写真3-2**、**図表3-32**）。

写真 3 - 2

制限部分

▲道路斜線制限を受けた建物（矢印はその部分）

図表 3 -32　道路斜線制限

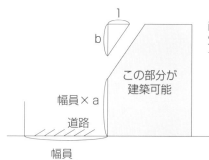

1
b
この部分が
建築可能
幅員×a
道路
幅員

建築物の各部分の高さは、その部分から前面道路の反対側の境界線までの水平距離に一定の数値を乗じた数値以下でなければなりません。

a、bはそれぞれ
住居系地域（原則）…1.25
その他の用途地域……1.5
用途地域の指定のない区域
　　　　　　　…………1.25または1.5

　隣地斜線制限…第1種低層住居専用地域、第2種低層住居専用地域および田園住居地域を除く地域に適用されます（**図表 3 -33**）。

　低層住居専用地域および田園住居地域内では絶対高さ制限（10mまた

は12m）があるので、隣地斜線制限の適用はありません。

図表3-33　隣地斜線制限

立ち上がりの高さが、住居系（低層住居専用地域、田園住居地域および高層住居誘導地区内の一定の建築物を除く）では20m、その他の用途地域等では31mなので、これより低い建築物については適用されません。

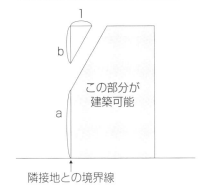

aは（立上がりの高さ）
住居系（低層等除く）地域等…20m
その他の用途地域………………31m
用途地域の指定のない区域……20mまたは30m

bは
住居系地域…………………………1.25
その他の用途地域……………2.5
用途地域の指定のない区域…1.25または2.5

図表3-34　北側斜線制限

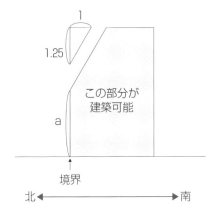

日照の確保を目的とするため、北側の敷地境界線との間に一定の空間を設けるようにします。ここでは立ち上がりの高さが、低層住居専用地域および田園住居地域では5m、中高層住居専用地域では10mとなります。

aは
低層地域等……5m
中高層地域……10m

北側斜線制限…第1種低層住居専用地域、第2種低層住居専用地域、田園住居地域、第1種中高層住居専用地域、第2種中高層住居専用地域の5つの用途地域において適用されます（**図表3-34**）。

斜線制限適用区域は**図表3-35**を参照してください。

図表 3-35　斜線制限適用区域

敷地条件＼用途地域	道路斜線 前面道路の反対側の境界線までの水平距離に乗ずる数値（勾配）	隣地斜線 立上がり	隣地斜線 勾配	北側斜線 立上がり	北側斜線 勾配
第 1 種低層住居専用地域	1.25	なし	なし	5 m	1.25
第 2 種低層住居専用地域	1.25	なし	なし	5 m	1.25
第 1 種中高層住居専用地域	1.25	20m	1.25	10m	1.25
第 2 種中高層住居専用地域	1.25	20m	1.25	10m	1.25
第 1 種 住 居 地 域	1.25	20m	1.25	なし	なし
第 2 種 住 居 地 域	1.25	20m	1.25	なし	なし
準 住 居 地 域	1.25	20m	1.25	なし	なし
田 園 住 居 地 域	1.25	なし	なし	5 m	1.25
近 隣 商 業 地 域	1.5	31m	2.5	なし	なし
商 業 地 域	1.5	31m	2.5	なし	なし
準 工 業 地 域	1.5	31m	2.5	なし	なし
工 業 地 域	1.5	31m	2.5	なし	なし
工 業 専 用 地 域	1.5	31m	2.5	なし	なし
用途地域の指定のない地域	1.25または1.5	20mまたは31m	1.25または2.5		

＜日影規制＞

　この制限は、高い建築物により日照が遮られることによる日照被害を軽減しようとするもので、どの程度の規制にするか地方公共団体の条例で定められます。なお、商業地域、工業地域、工業専用地域は日影規制の適用区域とはなりません（**図表 3-36**）。

図表 3 -36　日影規制

地域または区域	制限を受ける建築物
第 1 種低層住居専用地域 第 2 種低層住居専用地域 田園住居地域	軒高が 7 mを超えるもの、または地階を除く階数が 3 （地上 3 階建て）以上のもの
第 1 種中高層住居専用地域 第 2 種中高層住居専用地域 第 1 種住居地域、第 2 種住居地域 準住居地域、近隣商業地域、準工業地域	高さが10mを超えるもの
商業地域、工業地域、工業専用地域	商工業の利便優先のため指定されない

※用途地域の指定のない区域については、制限内容を地方公共団体の条例で指定
※第 1 種および第 2 種中高層住居専用地域内で日影規制の適用区域内では、北側斜線制限は適用されない。

　日影規制の対象区域内にある建築物は、冬至日の午前 8 時から午後 4 時まで（北海道にあっては午前 9 時から午後 3 時まで）の間において、それぞれ一定時間、隣接の平均地盤面から一定の高さおよび一定の距離のうちに日影を生じさせることがないようにしなければなりません。

⑦防火、準防火地域

　防火地域内、準防火地域内では**図表 3 -37**のように建築物の構造等についての規制があります。なお、建築物が防火地域および準防火地域の両地域に及んでいる場合は、原則として防火地域の規制が適用されます。

図表 3 -37　防火、準防火地域内での建築制限

	防火地域	準防火地域
①耐火建築物としなければならない建築物	イ．階数 3 以上の建築物 または ロ．延べ面積が100㎡を超える建築物	イ．地上階数 4 以上の建築物 または ロ．延べ面積が1,500㎡を超える建築物
②耐火建築物または、準耐火建築物としなければならない建築物	・上記以外の建築物	・延べ面積が500㎡を超え、1,500㎡以下の建築物
③耐火建築物、準耐火建築物または外壁・主要構造部について防火上必要な技術的基準に適合する建築物としなければならない建築物		・地階を除く階数が 3 である建築物
④適用除外	イ．卸売市場の上家、機械製作工場等の火災のおそれの少ない用途に供する建築物（主要構造部が不燃材料で造られたもの） ロ．延べ面積が50㎡以内の平家建て付属建築物（外壁、軒裏が防火構造のもの） ハ．高さ 2 mを超える門、塀（不燃材料で造るか、おおわれたもの） ニ．高さ 2 m以下の門、塀	

3 土地区画整理法

　土地区画整理事業は、道路・公園・広場のような公共施設の整備改善と、宅地の利用増進（袋地の解消や不整形な宅地を整形な宅地にする等）とを目的とする事業であり、世界各国で、雑然と発達してきた都市を建設し直す目的で広く行われてきました。

　特に、市街地の建設が無計画に行われた我が国においては、都市計画を実施するための有力な手段として採用され、関東大震災の復興手段として用いられて以来、多くの都市計計画事業が実施されています（**図表3-38**）。

図表3-38　土地区画整理事業とは

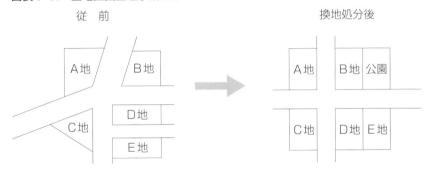

　区画整理により、従前より整然とした街並みになるため、地価水準が上昇することもあります。

①減歩

　道路・公園等の公共施設の整備には新しい土地が必要ですが、地権者から一定の割合で土地を提供してもらい、この土地をそれらの公共施設用地にあてます。この手法を減歩（げんぶ）といい、減歩の割合を減歩率といいます。

②換地

　換地というのは、ある人の宅地を別の場所に移すことです。減歩によって生み出された土地は個々の宅地に分散していますので、これを道路用地などに集めなければなりません。また、新たに公園などを造る場合は、その用地にある宅地をほかの場所に移す必要があり、この移動が換地です。

③仮換地

　換地処分は、従前の宅地の上に存する権利関係をそのまま換地の上に移転させる処分ですが、換地処分は当該区域の全部について工事が完了した後で一挙に行うことになっています。しかし、全部の工事が完了するまでは長期間を要するので、建築物等の移転や権利関係を早く安定させるために仮換地の指定が行われます。仮換地は、通常は換地となるべき土地が指定されます。

＜仮換地指定の効果＞

　仮換地が指定されると、従前の宅地の地権者は、換地処分の公告の日まで仮換地を使用収益することができるようになる代わりに、従前の宅地の使用収益はできなくなります。

　もうすこし細かく説明すると、地権者は従前の宅地について所有権に基づいて使用収益する権利と、その土地を処分する権利を持っていますが、仮換地に移るのは、使用収益する権利だけであり、処分権は従前の宅地に残ります。

　すなわち、従前の宅地を売ることはできますが、貸すことはできません。また、特に重要なことは、抵当権の設定は従前の宅地にすることができるのであり、仮換地には抵当権の設定はできない、ということです（図表3-39）。

　なお、換地処分後は、当該換地は従前の宅地とみなされ、処分権も使用収益権も移転しますので、当該換地に抵当権の設定ができるようにな

図表3-39　仮換地指定の効果

従前地　　　　　　　　　　　　　　　　仮換地

使用収益権のみ移動

使用収益権

処分権
抵当権の設定も
可能

抵当権の設定は
できない

図表3-40　仮換地指定通知（例）

発第　　　号
令和：○年○月○日

　　　　様

仮換地指定通知

都市計画事業　　　　土地区画整理事業施行地区内のあなたが所有する宅地について、土地区画整理法第98条第1項の規定により、下記のとおり仮換地を指定します。
よって、同法同条第5項及び第99条第2項の規定により通知します。

記

従前の宅地						仮換地				摘要
大字	字	地番	地目	登記地積 (基準地積)	全部又 は一部	街区 番号	画地 番号	地積	位置	
	一丁目		畑	413：00㎡ (440：25)	全部	61	1	266㎡	添付図面の とおり	
	一丁目		畑	376：00 (400：81)	全部	61	2	242	添付図面の とおり	
	一丁目		畑	209：00 (222：79)	全部	61	5	195	添付図面の とおり	
	一丁目		畑	31：00 (33：05)	全部	61	6	6	添付図面の とおり	
	一丁目		畑	642：00 (642：99)	全部	61	3	408	添付図面の とおり	
	一丁目		畑	58：00 (61：83)	全部	61	7	12	添付図面の とおり	
計	6筆 以 下			1729：00 (1801：72)		6筆 余		1,129㎡ 白		

仮　換　地　の　指　定　の　効　力　発　生　の　日	令和　○年○月○日
仮換地について使用または収益を開始することができる日	別に定めて通知する

(注意)　1．この通知書記載の「仮換地の指定の効力発生の日」から従前の宅地については、使用し、または収益することができません。
　　　　2．別に通知する「仮換地について使用または収益を開始することができる日」までは、仮換地を使用し、または収益することができません。
　　　　3．仮換地の地積は、多少の差異を生じることがあります。

(教示)　1．この処分について不服があるときは、処分があったことを知った日の翌日から起算して60日以内にさいたま市長に対し、審査請求をすることができます。（審査請求の記載事項は、行政不服審査法第15条に規定されています。）
　　　　2．この処分の取消しの訴えは、処分があったことを知った日の翌日から起算して6箇月以内にさいたま市大和田特定土地区画整理組合を被告（理事長が被告の代表者となります。）として提起することができます。なお、6箇月以内であっても、処分の日から1年を経過すると取消しの訴えを提起することができなくなります。
　　　　3．この処分があったことを知った日の翌日から起算して60日以内に審査請求をした場合には、処分の取消しの訴えは、その審査請求に対する裁決があったことを知った日の翌日から起算して6箇月以内に提起することができます。

ります。

　図表3-40は仮換地が指定されたことを通知する文書で、図表3-41は仮換地の指定図です。

図表3-41　仮換地指定図

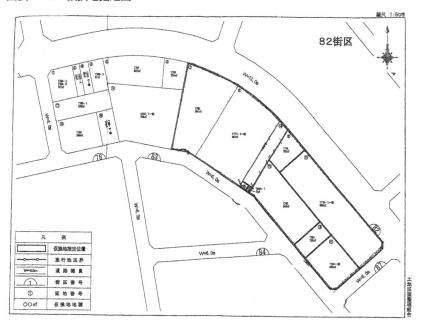

④保留地

　保留地とは、土地区画整理事業の費用にあてるなど一定の目的のために、換地として定めない土地のことです。保留地は、換地処分の公告があった日の翌日に施行者が取得します。

　なお、換地処分公告以前でも保留地予定地として売買はされますが、買受人への所有権移転は公告後となるので、公告前は抵当権の設定登記はできないことに注意が必要です（図表3-42）。

図表 3 -42　保留地の所有権移転と融資についての例

■所有権の移転登記

　当地区は、土地区画整理事業の施行中で換地処分が完了していないため、土地の引渡については売買代金全額納付後に行いますが、土地の所有権移転登記等の時期は、土地区画整理事業の完了となる換地処分の公告が行われた翌日以降となります。その際、所有権移転登記等に要する費用は購入者の負担となります。なお、所有権移転登記等の実施までの間は、登記簿に代わる保留地権利台帳に譲受権の保存・移転・変更・制限の記載を行うとともに、「保留地譲受権証書」を発行します。この「保留地譲受権証書」は権利証に代わる大切なものですので、購入者で保管いただきますようお願いします。

■金融機関等からの融資について（保留地担保ローン）

　土地の所有権移転登記は、土地区画整理事業の換地処分公告がなされた後、大阪府において行うことになります。従いまして、この所有権移転登記完了までは抵当権設定等の登記はできません。

　そのため、金融機関等による資金融資に支障を来す場合がありますので、融資をご計画の際には、事前に下記取扱金融機関等に必ずご確認ください。

保留地担保ローン提携金融機関

　Ａ銀行、Ｂ信用金庫…

4　農地法

　農地法のポイントは、権利移動と転用（農地を宅地へ）についての規制内容です。

　なお、農地法でいう「農地」とは、登記上の地目とは無関係で、現況により判断されます。すなわち、登記上の地目が「田・畑」であっても、現実の状態が田や畑でなければ農地ではなく、逆に登記上の地目が「山林」であっても、現実の状態が耕作の目的に供されていれば（田など）、農地法上は農地とみなされます。

　現況が宅地なのに土地登記簿の地目が「田」や「畑」のままになって

いることがありますが、①農地転用許可は得ているが登記簿の地目変更をしていない、②農地転用許可さえも受けていない、2つのパターンが考えられます。①は不動産登記法違反、②は農地法にも違反していることになり、罰則規定があります。

　農地法では、農地または採草放牧地をそのままの状態で、または採草放牧地を農地にする目的で権利移動する場合は農地法3条の許可を要し、農地の権利者がその農地を転用する場合は農地法4条の許可を、農地または採草放牧地を転用する目的で権利移動を行う場合は農地法5条の許可を要します（**図表3-43**）。

図表3-43　農地法の規制内容

	3条（権利移動）	4条（転用）	5条（権利移動＋転用）
内　　容	①農地→農地 ②採草放牧地→採草放牧地 ③採草放牧地→農地	農地を転用する場合（権利移動はなし） ※採草放牧地の転用は許可不要	転用目的で使用収益権を移転、設定する場合 ①農地→農地以外 ②採草放牧地→農地・採草放牧地以外 ※採草放牧地→農地は3条
許可権者	農業委員会	都道府県知事または指定市町村の長 （農地が4ha超の場合は、当分の間、農林水産大臣と協議）	
市街化区域の特例	特例なし	農業委員会への事前届出で足りる	

<農業振興地域の農用地（青地）>

「青地」とは、農業振興地域内における農用地区内にある農地と採草放牧地のことです。青地は、原則として宅地転用ができません。農業振興地域内における農用地区以外の農地と採草放牧地は「白地」といいます。

　農業振興地域内の農用地は、事実上宅地への転用等は禁止されており、農用地の除外申請に基づく審査等により除外される場合もありますが、非常に厳しい要件となっています。

5 森林法

　森林法のポイントは、地域森林計画対象民有林と保安林における規制の内容です。

①地域森林計画対象民有林

　地域森林計画対象民有林とは、森林法5条に規定する「地域森林計画の対象となる民有林」のことであり、地域森林計画対象民有林を伐採するには、あらかじめ市町村長に届出をする必要があります。

　また、地域森林計画対象民有林において開発行為をしようとする者は、都道府県知事の許可を受けなければなりません。この場合の開発行為とは、都市計画法上の開発行為とは異なり、土石または樹根の採掘、開墾その他の土地の形質を変更する行為をいい、1haを超える規模の開発行為が該当します。

②保安林

　通常、保安林はその登記簿の地目が「保安林」となっていますが、なんらかの理由により「山林」となっている場合があるので、確認が必要です。

　保安林で次のような行為を行う場合は、都道府県知事の許可を要します。

・立木の伐採

・立竹の伐採

・立木の損傷

・家畜の放牧

・下草、落ち葉もしくは落枝の採取

・土石もしくは樹根の採掘・開墾その他の土地の形質の変更

6 河川法

　河川法が適用または準用される河川は、1級河川、2級河川、準用河川の3種類です。

　1級河川は国土交通大臣が、2級河川は都道府県知事が、準用河川は市町村長が管理者です。その他の河川（普通河川）は、河川法の適用も準用もなく、地方公共団体等の条例等により管理されます。

①河川区域

　河川区域は、流水部分、堤防敷部分、堤外地部分に区分されます。流水部分は、流水が継続して存する土地、および地形・草木等の状況が流水が継続して存する土地に類する状況を呈している土地をいい、堤防敷部分は河川管理施設の敷地である土地の区域をいいます（**図表3-44**）。

図表3-44　河川法による河川の区域

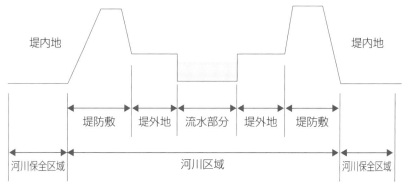

　また、堤外地部分は、堤外の土地の区域のうち流水部分と一体として管理する必要があるものとして河川管理者が指定した区域をいいます。

②河川保全区域

　河川保全区域とは、河岸またはダム、堰、水門、堤防、護岸等の河川管理施設を保全するために定められる区域をいい、河川区域の境界から50mを超えてはならないとされています。

③河川予定地

　河川予定地とは、河川工事を施行するために必要があると認めるときに、河川工事の施行により新たに河川区域内の土地となるべき土地として指定されたものをいいます。

　なお、河川法による区域ごとの規制内容は、**図表3-45**の通りです。

図表3-45　河川法における規制内容

区　域	河川管理者の許可が必要な行為
河川区域	・流水の占用 ・土地の占用 ・土石等の採取 ・工作物の新築、改築、除却 ・土地の形状を変更する行為、竹木の伐採等
河川保全区域	・土地の形状を変更する行為 ・工作物の新築、改築
河川予定地	・土地の形状を変更する行為 ・工作物の新築、改築

7　自然公園法

　自然公園法は、主に国立公園、国定公園、公園計画について規定しており、国立公園や国定公園内では、環境大臣が公園内の風致を維持する

ために特別地域を指定できると規定しています。

特別地域は第1種から第3種まであり、第1種特別地域が最も規制が厳しく、新規の建築・建設はまったくできません。ただし、第1種特別地域に指定される以前より存する建築物・工作物については、既存建築物・工作物の床面積の範囲内で改築が許されます。

しかし、これは既得権であり属人的なものなので、対象不動産が第1種特別地域に存する場合は担保不適格といわざるを得ないでしょう。

これに対し、第2種特別地域と第3種特別地域には一定の許可基準が決められています。特別地域以外の地域は「普通地域」とされ、一定基準を超える場合に、都道府県知事への届出が必要になります。

なお、ホテル、野営場、水族館といった、公園計画にもとづいて施行される公園事業は、それが特別地域の中で行われたとしても当該特別地域の規制は適用除外となります。

このような公園事業は、第三者が事業土地・建物を購入しても権利者の変更申請を行えば当該第三者も利用することができますが、認可された事業に限定されますので注意が必要です。

8 風致地区

風致地区は都市の風致を維持するために定められる地区ですが、地区内の許可基準は地方公共団体の条例によって定められることになっています。たとえば、大阪府豊中市では風致地区に特に区分はありませんが、静岡県静岡市では第1種と第2種に分けています。

風致地区の規制内容は地方公共団体によって異なるので、必ず確認が必要です（**図表3-46**）。

図表3-46　風致地区条例の許可基準（例）

	建築物の高さ	建ぺい率	道路からの後退距離	隣地からの後退距離	建築物の接する地盤面の高低差	緑地率
豊中市	15m以下	40%以下	1.8m以上	1m以上	—	500㎡未満　　　　：20% 500〜1,000㎡未満：25% 1,000㎡以上　　　：30%
静岡市						
（第1種）	8m以下	20%以下	3m以上	1.5m以上	6m以下	50%以上
（第2種）	15m以下	40%以下	2m以上	1m以上	9m以下	30%以上

9　砂防法

　砂防施設を要する土地や治水上砂防のため一定の行為を禁止・制限する必要がある土地について、砂防法に基づき指定された土地を「砂防指定地」といいます。

　砂防指定地では、一定の行為が都道府県の条例や規則で禁止されています。たとえば、施設または工作物の新築・改築・移転・除却、土地の掘削・盛土・切土等の行為などが禁止され、これらの行為を行う場合は都道府県知事の許可が必要となります。

10　宅地造成等規制法

　宅地造成に伴い災害が発生するおそれが著しい市街地、または市街地

となろうとする土地の区域において、都道府県知事等が関係市町村の意見を聞いて、宅地造成工事規制区域を指定します。

この法律でいう宅地造成とは、①宅地以外の土地を宅地にするために行う土地の形質の変更（農地を宅地などに変更するなど）と、②宅地について行う土地の形質の変更で、次（ a 〜 d ）のいずれかに該当するものをいいます。

　a . 切土であって、当該切土をした土地の部分の高さが 2 m を超える
　　がけを生ずる場合（**図表 3 -47**）

図表 3 -47

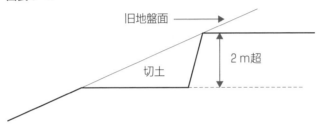

　b . 盛土であって、当該盛土をした土地の部分に高さが 1 m を超える
　　がけを生ずる場合（**図表 3 -48**）

図表 3 -48

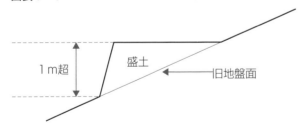

　c . 切土と盛土とを同時にする場合における盛土であって、当該盛土
　　をした土地の部分に高さが 1 m 以下のがけを生じ、かつ、当該切
　　土および盛土をした土地の部分に高さが 2 m を超えるがけを生ず
　　る場合（**図表 3 -49**）

図表 3 -49

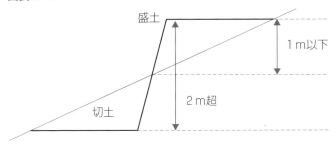

d. 前記 a ～ c のいずれにも該当しない切土または盛土であって、当該切土または盛土をする土地の面積が500㎡を超える場合

※建築基準法との関係

　2 mを超える高さの擁壁を築造する場合、建築基準法による工作物の確認申請が必要です。確認申請だけで検査済証の発行を受けずに建物を建築した場合、再建築時に再度申請が必要になり、擁壁の再構築のために高額の費用が発生する場合があるので、その点留意する必要があります。また、既存擁壁を調査した結果、安全性が確認できない場合は、建

写真 3 - 3

▲宅地造成中の箕面森町

築確認審査に支障が生じる恐れがあります。

　このように安全が確認できない擁壁は、新たな築造を推奨する自治体もありますので、擁壁の調査は注意深く行うことが必要です。

図表 3 -50　箕面森町の宅地造成等規制法

■宅地造成等規制法等について

　当地区は宅地造成等規制区域に指定されていますので、一定規模の宅地造成工事等を行う場合は、宅地造成等規制法に基づく宅地造成に関する工事の許可が必要となります。あらかじめ、箕面市みどりまちづくり部開発調整課と協議してください。なお、工事の許可が不要の場合につきましては、宅地造成等規制法施行規則第30条に基づく「宅地造成工事でない旨の証明」を得てください。

　また、建築物を建設する場合、周辺宅地に雨水が流れないよう永久構造物等による排水施設の整備を行ってください。

◆問い合わせ先及び申請先

　箕面市みどりまちづくり部開発調整課

11 景観法

　景観法は都市、農山漁村等における良好な景観の形成を促進するための景観計画の策定や、その他の施策を総合的に講じることにより、美しい国土形成や豊かな生活環境の創造を目指すため、平成17年6月1日に全面施行されました。

　景観法で重要なのは「景観計画」と「景観計画区域」です。

　景観計画は景観行政団体によって都市、農山漁村その他市街地または集落を形成している地域、およびこれと一体となって景観を形成している地域等の区域について定められます。

　景観計画区域は景観計画において定められます。景観計画区域内において、建築物・工作物の新築、増築、改築もしくは移転、外観を変更することとなる修繕もしくは模様替えまたは色彩の変更等を行うものは景観行政団体の長に届出をし、景観行政団体の長は、景観計画に適合しないときは変更その他の必要な措置を取るべきことを勧告することができるとされています。

　また、景観行政団体の長は条例を定めて建築物の意匠、色彩等について変更命令を出したり、罰則を課したりすることができます。

＜景観条例＞

　景観条例はすでに多くの都市で制定されていますが、景観法の制定により、条例でも変更命令、罰則の規定ができることが明文化されたため、以前よりも強制力が強まりました。

　図表3-51は、京都府の景観条例です。参考までに掲載しておきます。

図表3-51　京都府の景観条例

京都府景観条例のねらい　　～ 景観法と京都府景観条例との関係 ～

　景観法の制定（平成16年6月）により、都道府県又は市町村が景観行政団体として、一定の区域における良好な景観形成の方針や建築物等の誘導方針を示す景観計画を定めることにより、地域の特色や実情に応じた景観形成を推進していく仕組みが整備されました。

　景観計画を策定するためには、景観の観点からの守るべき対象を明確にし、その価値の共有を図ることや、その前提として府民の景観への関心を高めることが大切です。

　一方、景観計画の策定に至らずとも、府民や事業者の自主的取組や行政との連携した活動により、地域の良好な景観の保全や形成を図ることも大切です。

　こうした考え方から、

> 景観法：法律を活用した実効性ある規制誘導
> 条　例：法律を補完する府民・市町村への支援や啓発施策等

という役割分担により、法律と条例を両輪とした景観行政を推進していこうとするものです。

景観法	京都府景観条例
景観計画の策定による実効性ある建築物等の規制誘導	景観計画策定などの取組に繋がる市町村及び府民活動支援（景観活動の支援、景観資源の発掘、啓発、顕彰、情報発信　等）

法と条例を両輪とした景観行政の推進

出典：京都府ＨＰより

第4章

不動産の評価の基本

1 不動産の価格を求める手法

　不動産の価格を求める基本的な手法には、「原価法」「取引事例比較法」「収益還元法」の３つがあり、このほかに３手法の考え方を活用した「開発法」等の手法があります。

　原価法は不動産の再調達（建築、造成等による新規の調達）に要する原価に着目した手法であり、その不動産の費用性（造ったらいくらかかるか）を表す価格です。

　取引事例比較法は不動産の取引事例に着目した手法であり、その不動産の市場性（いくらで売れるか）を表します。

　収益還元法は不動産から生み出される収益に着目した手法で、その不動産の収益性（いくら儲かるか）を表します。

　これらの関係を整理したものが**図表4-1**になります。

図表4-1　不動産価格の三面性

三面性		対応する手法	価格名称
費用性	（いくらかかるか）	原価法	積算価格
市場性	（いくらで売れるか）	取引事例比較法	比準価格
収益性	（いくら儲かるか）	収益還元法	収益価格

・賃貸物件であれば収益性が重視される。
・自分で住む戸建住宅であれば収益性よりも費用性や市場性が重視される。

2 原価法

　原価法は価格時点における対象不動産の再調達原価を求め、この再調達原価について減価修正を行って対象不動産の試算価格を求める手法です（**図表4-2**）。原価法による試算価格を積算価格といいますが、次の算式により求めます。

「積算価格＝再調達原価－減価額」

図表4-2　原価法（積算価格）のイメージ

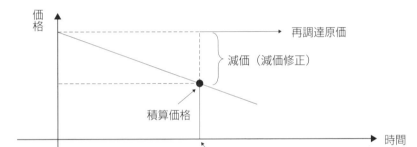

価格時点における再調達原価に減価修正を施し積算価格を求める

①再調達原価

　再調達原価は土地と建物の両方について求めますが、土地については新たに造成された土地でもない限りは、宅地の取引事例等から求めることが一般的です。この方法については後述します。

　建物の再調達原価は、対象建物を価格時点において新たに建築したならどれだけの費用を要するのかという費用の総額で、新築の価格と理解することができます。したがって、対象建物が完成直後の場合は再調達原価が概ね一致するので、ほとんどの場合は減価修正を行う必要はありません。

②減価修正

　減価修正の方法は、「耐用年数に基づく方法」、「観察減価法」の2つの方法があり、これらを併用して減価額を求めます（**図表4-3**）。

ａ．耐用年数に基づく方法

　耐用年数に基づく方法には「定額法」と「定率法」がありますが、定額法を用いるケースが多いようです。担保目的で保守的に評価したい場合は定率法を用いることもあります。なぜならば、定額法は毎年の減価額が一定ですが、定率法は初期の減価額が大きいためです。

　一般的には、新築から何年経ったか（経過年数）よりも、あとどのくらい建物が使えるか（経済的残存耐用年数）に重点を置き検討します。

ｂ．観察減価法

　観察減価法は、対象建物について維持管理の状態や、劣化、補修の状況を目視等により観察し、減価額を求める方法です。

図表4-3　耐用年数に基づく方法と観察減価法

	長　　所	短　　所
耐用年数に基づく方法	一定の式を使うことにより誰でもでき、誤差が少ない	不動産の個別性を反映した実態的な減価を反映しにくい
観察減価法	個々の不動産の実態的な減価の程度を把握し反映できる	外部からの観察のみでは発見しにくい減価の要因を見落とすおそれがある

3 取引事例比較法

　取引事例比較法は、まず多数の取引事例を収集して適切な事例の選択を行い、これらの取引価格に必要に応じて、「①事情補正」および「②

時点修正」を行い、かつ「④地域要因の比較」および「⑤個別的要因の
比較」を行って求められた価格を比較考量し、これによって対象不動産
の試算価格を求める手法です。これらに加え、鑑定の実務では「③標準
化補正」を行います。

　次にそれぞれの段階ごとに説明します。なお、取引事例比較法による
試算価格を「比準価格」といいます。

①事情補正

　取引価格には、何らかの事情で売り急いだとか、相場より高く買った
という取引当事者間で生じた事情を含んでいることがあります。このよ
うな場合には、これらの事情がない状態への補正を行います。

②時点修正

　1年前の取引価格が現在（価格時点）でも変動なく同じであれば問題
ないですが、土地の相場は上がり下がりがあるので、その変動に合わせ
て修正する必要があります。

③標準化補正

　例えば事例地が不整形である場合、形状によるマイナスで、その地域
の標準的な価格水準より低い単価となっています。それを標準的な価格
水準に補正してあげることを「標準化補正」といいます。

④地域要因の比較

　同じ住宅地であっても、閑静な住宅地と工場が混在する住宅地では居
住環境が異なります。そのような地域間格差の補正を行い、対象地の存
する地域（近隣地域）の標準的な価格水準へと調整を行います。

⑤個別的要因の比較

　取引事例の価格は、④までの過程で対象地の存する地域（近隣地域）
の標準的な価格水準に補正されていますので、これに対象地の個別的要
因（**図表4-4**では角地、不整形）の比較を行い、最終的に対象地の価
格を導き出します。

＜図表4-4の用語解説＞

a.近隣地域

　対象不動産の属する用途的地域であって、ある特定の用途に供されることを中心として地域的にまとまりを示している地域をいい、対象不動産の価格の形成に関して直接に影響を与えるような特性をもっている地域のことです。

　対象不動産と価格水準が同じ地域ともいえます。「隣の土地が坪30万円で売れたから、うちの土地も坪30万円だろう」といった範囲で、住宅街の一街区や、ある交差点から次の交差点までの同じ道路に面した土地など、ある程度狭い範囲の地域といえるでしょう。

b.類似地域

　近隣地域と類似する特性を有する地域であり、鑑定評価で採用する取引事例は、同一需給圏内の類似地域に存するものを採用することが一般的です。

c.同一需給圏

　一般に対象不動産と代替関係が成立して、その価格の形成について相互に影響を及ぼすような関係にある他の不動産の存する圏域のことをいいます。

図表4-4　取引事例比較法のイメージ

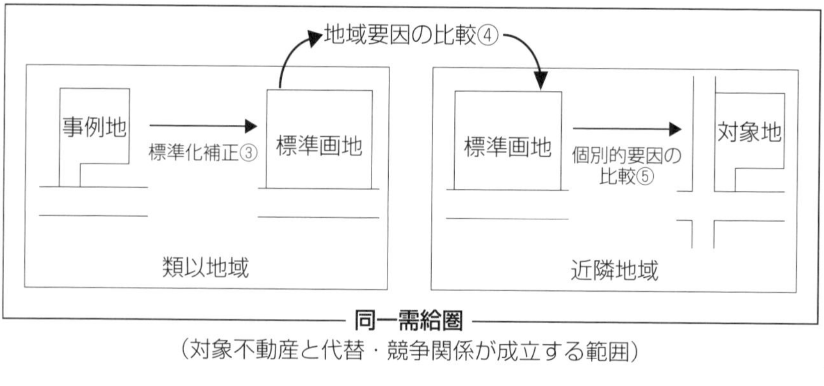

（対象不動産と代替・競争関係が成立する範囲）

　図表４-５～４-８は、取引事例比較法により土地価格を査定した後、原価法によって積算価格を試算するプロセスを表したものです。

図表４-５　土地価格査定表①

土地価格査定表

＜取引事例等の内容＞

記号	所　在　地	取引価格／取引時点／地積	価格形成要因
取引事例地1	港区〇〇二丁目　　地内	円／㎡ 4,200,000／平成25年12月／400.00㎡	街路：（区）道（南東）側　幅員約（11）m 側道：（北東）側（4）m　（－）側（－）m 交通：（〇〇町）駅（560）m 環境：（中高層の事務所ビル等が建ち並ぶ商業地域　） 行政：区域区分（市街化区域）用途指定（商業）地域（100）%（600）% 画地：形状（ほぼ長方形）接面状況（角地）
取引事例地2	港区〇〇町一丁目　　地内	円／㎡ 3,000,000／平成26年3月／100.00㎡	街路：（都）道（南西）側　幅員約（40）m 側道：（－）側（－）m　（－）側（－）m 交通：（〇〇）駅（560）m 環境：（中高層の事務所ビル等が連たんする商業地域　） 行政：区域区分（市街化区域）用途指定（商業）地域（100）%（600）% 画地：形状（ほぼ長方形）接面状況（中間画地）
取引事例地3	港区〇〇〇一丁目　　地内	円／㎡ 2,000,000／平成25年11月／150.00㎡	街路：（区）道（北西）側　幅員約（4）m 側道：（－）側（－）m　（－）側（－）m 交通：（〇〇〇）駅（230）m 環境：（中小規模の店舗付事務所等が建ち並ぶ商業地域　） 行政：区域区分（市街化区域）用途指定（商業）地域（100）%（320）% 画地：形状（長方形）接面状況（中間画地）
取引事例地4	港区〇〇〇一丁目　　地内	円／㎡ 6,000,000／平成23年10月／800.00㎡	街路：（都）道（北東）側　幅員約（33）m 側道：（－）側（－）m　（－）側（－）m 交通：（〇〇〇）駅（80）m 環境：（中層の店舗事務所ビルが建ち並ぶ商業地域　） 行政：区域区分（市街化区域）用途指定（商業）地域（100）%（771）% 画地：形状（不整形）接面状況（三方路）
公示地	港5-36 港区西新橋一丁目 104番6外 （西新橋1-16-5）	円／㎡ 5,320,000／平成26年1月／338.00㎡	街路：（都）道（南東）側　幅員約（33）m 側道：（北西）側（－）m　（－）側（－）m 交通：（内幸町）駅（110）m 環境：（中高層の店舗・事務所ビル等が建ち並ぶ商業地域　） 行政：区域区分（市街化区域）用途指定（商業）地域（100）%（700）% 画地：形状（長方形）接面状況（中間画地）
特記			

図表4-6　土地価格査定表②

土地価格査定表
<取引事例地及び公示地等の補修正率と地域格差率>

記号	事情補正	時点修正	建付減価	標準化補正 内訳	相乗積	各種条件	項目	各項目の総和	各条件の相乗積
1	+20.0	+4.0	±0	角地　+3.0	+3.0	街路条件	幅員等	±0	▲7
						交通接近条件	最寄駅への接近性	▲7.0	
						環境条件	商業繁華性	+5.0	
						行政的条件	容積率等	▲5.0	
						その他			
2	▲15.0	+2.8	±0		±0	街路条件	幅員等	+10.0	+2
						交通接近条件	最寄駅への接近性	▲7.0	
						環境条件	商業繁華性	+5.0	
						行政的条件	容積率等	▲5.0	
						その他			
3	±0	+4.8	±0		±0	街路条件	幅員等	▲10.0	▲35
						交通接近条件	最寄駅への接近性	▲1.0	
						環境条件	商業繁華性	▲10.0	
						行政的条件	容積率等	▲19.0	
						その他			
4	+30.0	+14.4	±0	不整形　▲5.0 三方路　+5.0	±0	街路条件	幅員等	+10.0	+52
						交通接近条件	最寄駅への接近性	+2.0	
						環境条件	商業繁華性	+30.0	
						行政的条件	容積率等	+4.0	
						その他			
公示地点	—	+6.0	—	二方路　+2.0 　　　　±0	+2.0	街路条件	幅員等	+10.0	+57
						交通接近条件	最寄駅への接近性	+2.0	
						環境条件	商業繁華性	+40.0	
						行政的条件	容積率等	±0	
						— その他			

【時点修正率査定根拠】
　公示価格・基準地価格の対前年変動率及び地域の動向等を総合的に勘案して、時点修正率を査定した。

図表4-7　土地価格査定表③

土地価格査定表
<比準及び規準>

記号	取引事例価格 (円/㎡)	事情補正	時点修正	建付減価	標準化補正	地域格差	試算値 (円/㎡)	比準価格 規準価格 (円/㎡)
1	4,200,000	$\frac{100}{120.0}$	$\frac{104.0}{100}$	$\frac{100}{100}$	$\frac{100}{103}$	$\frac{100}{93}$	3,800,000	
2	3,000,000	$\frac{100}{85}$	$\frac{102.8}{100}$	$\frac{100}{100}$	$\frac{100}{100}$	$\frac{100}{102}$	3,560,000	3,510,000
3	2,000,000	$\frac{100}{100}$	$\frac{104.8}{100}$	$\frac{100}{100}$	$\frac{100}{100}$	$\frac{100}{65}$	3,220,000	
4	6,000,000	$\frac{100}{130}$	$\frac{114.4}{100}$	$\frac{100}{100}$	$\frac{100}{100}$	$\frac{100}{152}$	3,470,000	
公示地	5,320,000	$\frac{100}{-}$	$\frac{106}{100}$	$\frac{100}{-}$	$\frac{100}{102}$	$\frac{100}{157}$	3,520,000	3,520,000

【比準価格調整決定理由】

　　　近隣地域周辺及び同一需給圏の類似地域内における4事例を採用した。各事例とも適切に補正が施されていると思料する。

　　　したがって、各試算値の中庸値をもって対象不動産の比準価格を　　　3,510,000円/㎡ と査定した。

図表 4 - 8　原価法による積算価格

原価法による積算価格

【1】再調達原価

まず対象不動産の土地再調達原価を査定し、次に対象不動産の建物再調達原価を査定し、その合計をもって対象不動産の再調達原価と査定した。なお、土地の再調達原価の査定に当たっては取引事例比較法を適用する。原価法は、対象不動産が既成市街地に存し適正な再調達原価を把握することが困難であるため適用しない。

【土地】

比準価格	3,510,000円/㎡	近隣地域周辺及び同一需給圏内における4事例を採用した。各事例とも適切に補修正が施されていると判断し本件では各試算値を関連付けて比準価格を査定した。
規準価格(公示地)	3,520,000円/㎡	別表②-1ご参照。
標準価格	3,510,000円/㎡	比準価格と公示価格を規準とした価格等との均衡に留意して標準価格を左記のとおり査定した。
土地の個別的要因		
個別格差率	89%	
二方路	2%	左記のとおり査定した。
不整形	-5%	
セットバック	-8%	
地積	402.53㎡	(公簿数量)
土地再調達原価	1,260,000,000円	標準価格に、個別格差修正率を乗じ、さらに敷地全体の地積を乗じて対象地の再調達原価を左記のとおり査定した。

【建物】

建物再調達原価	492,000,000円	ER記載の建物再調達価格に設計監理料率(3.0%)を乗じて建物再調達原価(総額)を左記のとおり査定した。
	(195,432円/㎡)	(再調達原価㎡当り単価)
延床面積	2,517.50㎡	(公簿)

【付帯費用】

付帯費用率	10%	開発コストや開発利潤に対応する付帯費用率を左記のとおり査定した。
付帯費用再調達原価	175,000,000円	土地と建物の再調達原価に付帯費用率を乗じて付帯費用を左記のとおり査定した。

【再調達原価】

再調達原価(土地+建物+付帯費用)	1,927,000,000円	土地再調達原価に建物再調達原価を加算して、対象不動産の再調達原価を左記のとおり査定した。

【2】減価修正

耐用年数に基づく方法と観察減価法を併用して減価額を査定した。

【土地】

耐用年数に基づく減価		
減価率	0.0%	特段減価は認められない
減価額	0円	
観察減価		
減価率	0.0%	特段減価は認められない
減価額	0円	
土地減価額	0円	

【建物】

①耐用年数に基づく減価		
躯体		
構成割合	40.0%	エンジニアリング・レポート、専門家の意見等並びに近隣周辺の同用途の建物の標準的な割合・年数を参考に、対象建物の用途・利用の状況等の個別性を総合的に勘案して左記のとおり査定した。
総耐用年数	45.0年	
経済的残存耐用年数	32.4年	
減価率	28.0%	（総耐用年数－経済的残存耐用年数）÷総耐用年数
減価額	55,000,000円	建物再調達原価×構成割合×減価率
仕上		
構成割合	30.0%	エンジニアリング・レポート、専門家の意見等並びに近隣周辺の同用途の建物の標準的な割合・年数を参考に、対象建物の用途・利用の状況等の個別性を総合的に勘案して左記のとおり査定した。
総耐用年数	30.0年	
経済的残存耐用年数	17.4年	
減価率	42.0%	（総耐用年数－経済的残存耐用年数）÷総耐用年数
減価額	62,000,000円	建物再調達原価×構成割合×減価率
設備		
構成割合	30.0%	エンジニアリング・レポート、専門家の意見等並びに近隣周辺の同用途の建物の標準的な割合・年数を参考に、対象建物の用途・利用の状況等の個別性を総合的に勘案して左記のとおり査定した。
総耐用年数	15.0年	
経済的残存耐用年数	2.4年	
減価率	84.0%	（総耐用年数－経済的残存耐用年数）÷総耐用年数
減価額	124,000,000円	建物再調達原価×構成割合×減価率
躯体・仕上・設備　減価額合計	241,000,000円	
②観察減価法		
減価率	10.0%	現地調査の結果に基づく観察減価率を左記のとおり査定した。
減価額	25,000,000円	（建物再調達原価－耐用年数に基づく減価）×観察減価率
③建物減価額（①＋②）	270,000,000円	耐用年数に基づく減価＋観察減価

【付帯費用】

総耐用年数	45.0年	付帯費用の減価修正は建物（躯体）に準じて行うものとする。
経済的残存耐用年数	32.4年	
減価率	28.0%	（総耐用年数－経済的残存耐用年数）÷総耐用年数
減価額	50,000,000円	付帯費用再調達原価×減価率

【減価額】

土地・建物・付帯費用　減価額合計	320,000,000円	

【3】積算価格
　対象不動産の再調達原価に減価修正を行って積算価格を以下のとおり試算した。

再調達原価	1,927,000,000円	
減価額	320,000,000円	
一体増減価率	0.0%	建物は敷地と適応し、環境とも適合しており、土地建物一体としての減価は生じていないものと判断した。
積算価格	1,610,000,000円	

【4】備考

4 収益還元法

収益還元法は、対象不動産が将来生み出すであろうと期待される純収益の現在価値の総和を求めることにより対象不動産の試算価格を求める手法であり、収益還元法による試算価格を「収益価格」といいます。

収益価格を求める方法には、一期間の純収益を還元利回りによって還元する方法（直接還元法）と、連続する複数の期間に発生する純収益および復帰価格を、その発生時期に応じて現在価値に割り引き、それぞれを合計するDCF法（Discounted Cash Flow法＝ディスカウント キャッシュ フロー法）があります。

①直接還元法

直接還元法は、還元対象となる一期間の純収益を求め、この純収益に対応した還元利回りによって当該純収益を還元することにより対象不動産の収益価格を求める方法です（**図表４-９**）。

図表４-９　直接還元法の式

$$P = \frac{a}{R}$$

P：求める不動産の収益価格
a：一期間の純収益
R：還元利回り

直接還元法は、単年度の純収益を還元利回りで直接的に還元して価格を求めるので、シンプルで分かりやすいのが特徴です（**図表４-10**）。

a．純収益

一般的に、単年度の純収益は標準化された純収益を用います。標準化された純収益は、過去の実績、現在の状況、将来の賃料変動の予測等の検討により査定されます。

b．還元利回り

還元利回りを求める方法は、鑑定評価基準に複数定められていますが、類似の不動産の取引事例に基づく還元利回りを用いることが一般的です。

図表4-10 直接還元法による収益価格

直接還元法による収益価格

対象不動産が生み出すであろう一期間の純収益を求め、これを還元利回りによって還元し、直接還元法による収益価格を査定する。

1.賃料収入

現行賃料の妥当性を検証の上、当該賃料収入を計上した

【貸室部分】

(1) 階層	(2) 用途	(3) 賃借人	(4) 賃貸面積 (坪)	(5) 月額支払賃料 (円/坪)	(6) 月額支払賃料 (円)	(7) 共益費 (円/坪)	(8) 共益費 (円)	(9) 敷金 (円)	(10) 礼金 (円)
1F	店舗	(株)●●●●	41.32	20,000	826,400	3,000	123,960	9,916,800	-
2F	事務所	(株)●●●●	70.48	21,000	1,480,080	3,000	211,440	17,760,960	-
3F	事務所	(株)●●●●	70.48	15,000	1,057,200	3,000	211,440	12,686,400	-
4F	事務所	(株)●●●●	70.48	17,000	1,198,160	3,000	211,440	11,981,600	-
5F	事務所	(株)●●●●	70.48	15,000	1,057,200	3,000	211,440	16,069,440	-
6F	事務所	(株)●●●●	70.48	18,300	1,289,784	3,000	211,440	12,686,400	-
7F	事務所	(株)●●●●	70.48	18,150	1,279,212	3,000	211,440	15,223,680	-
8F	事務所	(株)●●●●	61.46	17,000	1,044,820	3,000	184,380	19,776,600	-
9F	事務所	(株)●●●●	48.41	17,000	822,970	3,000	145,230	0	-
貸室計		空室率:0.0%	574.07	17,517	10,055,826	3,000	1,722,210	116,101,880	-

【注1】直接還元法は「標準的かつ安定的な単年度の純収益」を還元の対象とするため、フリーレントによる賃料の減額分は考慮しない。

【注2】敷金償却額は解約手数料的な意義を有し、テナント解約時に発生するものであることから、運用益は計上するが、償却額は計上しない。

【駐車場部分】

区画	用途	賃借人	台数	単価	月額支払賃料 (円)	敷金 (円)	敷金月数
平面式	駐車場	㈱●●●●	1台	40,000	40,000	0	0.0
平面式	駐車場	㈱●●●●	1台	33,000	33,000	0	0.0
平面式	駐車場	㈱●●●●	1台	40,000	40,000	0	0.0
平面式	駐車場	空車	1台	40,000	40,000	0	0.0
平面式	駐車場	障害者用(募集不可)	1台	0	0	0	0.0
駐車場計		空車率:40.0%	5台	30,600	153,000	0	0.0

【注3】空車部分については、地域相場等を参考に正常賃料水準による賃料収入を計上した(障害者用は除く)。

2.賃貸事例

以下の成約事例又は募集事例により対象不動産の現行賃料の妥当性を検証する。

(a) 賃貸事例(事務所)

事例	所在	階層	賃貸面積 (㎡)	共込賃料 (上:㎡/下:坪)	賃貸時点	築年月	評価	
							グレード	立地
①	港区新橋4丁目	8F/14F	242.57	4,763 15,745	2014年 7月	1992年 4月	劣る	やや劣る
②	港区東新橋1丁目	7F/9F	214.88	5,290 17,488	2014年 4月	1974年 1月	劣る	優る
③	港区西新橋2丁目	7F/7F	210.41	5,034 16,641	2013年 10月	1972年 11月	劣る	同程度
④	港区西新橋1丁目	4F/8F	186.16	5,240 17,322	2014年 4月	2010年 10月	優る	同程度

(b) 比較

上記の賃貸事例はいずれも近隣周辺に存するものであり、建物規模・間取り・周辺環境等の点で対象不動産との類似性が認められる。

3.運営収益

(a) 貸室賃料収入

現行賃料の妥当性を検証の上、当該賃料収入を計上した。

貸室賃料収入					計120,669,912円
	事務所	10,055,826円 ×	12ヶ月	=	120,669,912円

(b) 共益費収入

共益費収入					計20,666,520円
	事務所	1,722,210円 ×	12ヶ月	=	20,666,520円

(c) 共益費込み貸室賃料収入 [(a) + (b)]

		120,669,912円 +		20,666,520円	計141,336,432円

(d) 水道光熱費収入

直近1年間の実績値を計上した。

水道光熱費収入		計11,040,000円

(e) 駐車場収入

現行賃料の妥当性を検証の上、当該賃料収入を計上した。

	駐車場	153,000円 ×	12ヶ月	=	計1,836,000円

(f) その他収入

上記以外の収入項目として、直近1年間の実績値を計上した。

アンテナ使用料		計36,000円

① [(c) + (d) + (e) + (f)]		154,248,432円

(f) 空室等損失

現在の空室率や今後の動向を考慮して、以下のとおり査定した。

空室等損失					計7,617,622円
	事務所	141,336,432円 ×	5.0%	=	7,066,822円
	駐車場	1,836,000円 ×	30.0%	=	550,800円

(g) 貸倒損失

敷金で担保されているため計上しない。

貸倒損失		計0円

②運営収益　①-(g)-(h)		計 146,630,810円

4.運営費用

各費用項目を以下のとおり査定した。

項　　目	査 定 額	算 出 根 拠
(h) 維持管理費	6,960,000円	依頼者より聴取した予定契約額(月額:580,000円)を計上した。
(i) 水道光熱費支出	13,030,000円	直近1年間の実績値を計上した。
(j) 修繕費(資本的支出を除く)	1,404,600円	エンジニアリング・レポート見積額(年平均額)の30%を計上した。
(k) 原状回復費	0円	本件では特に計上しない。
(l) PMフィー	2,711,816円	運営収益(水道光熱費は除く)の2.0%を計上した。
(m) テナント募集費用	1,910,607円	月額支払賃料の1ヵ月分を平均回転期間で按分した(空室率を考慮)。
(n) 公租公課(土地)	8,250,800円	平成26年度の課税標準額に基づく推定額を計上した。
(o) 公租公課(建物)	4,819,200円	平成26年度の課税標準額に基づく推定額を計上した。
(p) 公租公課(償却資産)	0円	本件では特に計上しない。
(q) 損害保険料	401,790円	依頼者より聴取した予定契約額(火災と賠償の合計額)を計上した。
(r) その他	879,000円	塵芥処理費を計上した。

運営費用(h)～(r)を合算して運営費用合計および経費率を算定した。

③運営費用合計	40,367,813円	経費率　(27.5%)	

3. 純収益

運用収益から運営費用合計額を控除し償却前純収益を査定した。

④運営純収益(NOI)	106,262,996.86	運用収益-運営費用合計

4. その他

(s) 敷金の運用益

保証金については、全額を返還準備金として預託するものと想定する。将来の賃借人の入れ替えに伴って返還される保証金については返還準備金から支払われるものとし、受領する保証金については返還準備金として預託することを想定し、運用益を計上するものとする。
運用益の計算にあたって採用する運用利回りは、現在の金利水準から年利2.0%と査定した。

敷金の運用益	事務所	2,205,936円	116,101,880円	× 2.0%	× 95.0%
	駐車場	0円	0円	× 2.0%	× 70.0%
	計	2,205,936円			

(t) 資本的支出

エンジニアリング・レポート見積額(年平均額)の70%を計上した。

資本的支出	3,277,400円	

運営純収益に保証金の運用益を加え資本的支出を控除し純収益を以下のとおり査定した。

⑤純収益 〔④+(s)-(t)〕	105,191,533円	

5. 収益価格

(a) 還元利回り

還元利回りは、最も投資リスクが低いと認められる不動産の利回りを基準とし、対象不動産の立地条件及び築年数・延床面積・設備水準等の建物条件並びに現行賃料の市場賃料に対する水準・契約条件・土地及び建物の権利関係等の個別性に留意し、周辺地域における取引利回り等を勘案して査定する。

1) 同一需給圏内における取引事例の利回り(推定)

港区新橋およびその周辺エリアにおけるJ-REIT組入れ不動産(オフィスビル)の直接還元利回り(対NCF)の事例は以下のとおりである。

所在	延床面積	建築時期	還元利回り
①港区新橋5丁目	3,653.19㎡	昭和49年4月	5.0%
②港区西新橋3丁目	6,913.81㎡	平成5年7月	4.9%
③港区新橋2丁目	3,960.22㎡	平成4年2月	4.6%

2) 還元利回りの査定

以上により求められた事例による利回りを標準に、対象不動産の個別性及び取引利回り等を総合的に勘案して、還元利回りを以下のとおり査定した。

還元利回り	4.6%

(b) 収益価格

以上求められた、正味純収益を還元利回りで還元して直接還元法による収益価格を以下のとおり査定した。

正味純収益		還元利回り				直接還元法による収益価格
105,191,533円	÷	4.6%	=	2,286,772,453円	≒	2,290,000,000円

なお、上記の収益価格を前提とするNOI利回り及び賃貸面積当たりの単価は以下のとおりである。

純収益(NOI)		収益価格		NOI利回り		賃貸面積	単価
106,262,997円	÷	2,290,000,000円	≒	4.6%		574.07㎡	3,989,061円/㎡

　J-REIT（ジェイリート）クラスの物件であれば、J-REITのデータが公表されていますのでそれらを参考にできますが、中小規模のビルやマンションでは直接の比較は難しいでしょう。そのような場合は、投資用不動産を扱っている不動産業者にヒアリングするのも有効です。

　なお、ヒアリングする際は、ネットの利回り（純収益に対する利回り）か、総収入に対する利回り（グロス利回り、表面利回り、粗利回り）かに注意が必要です。

②DCF法

　DCF法は、対象不動産から得られると予測される純収益のうち、収益見通しにおいて明示された毎期に予測された純収益の現在価値の合計と、復帰価格の現在価値を足し合わせることによって収益価格を求める方法です（**図表4-11、4-12、4-13**）。

　DCF法による収益価格＝毎期の純収益の現在価値の総和＋復帰価格の現在価値

図表4-11　DCF法の考え方

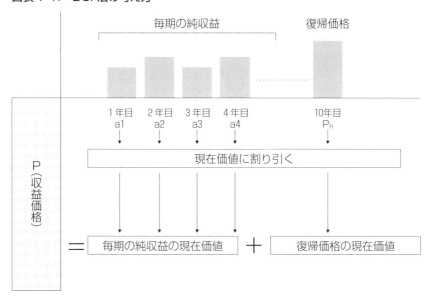

図表 4 -12　DCF法の式

$$P=\sum_{k=1}^{n}=\frac{a_k}{(1+Y)^k}+\frac{P_R}{(1+Y)^n}$$

P：求める不動産の収益価格　　a_k：毎期の純収益　　　Y：割引率
n：保有期間（売却を想定しない場合には分析期間）　　P_R：復帰価格

なお、復帰価格とは、保有期間の満了時点における対象不動産の価格をいい、基本的には次の式（直接還元法）により表されます。

$$P_R=\frac{a_n+1}{R_n}$$

a_n+1：$n+1$期の純収益
n：保有期間満了時における還元利回り（最終還元利回り）

　DCF法は、連続する複数の期間に発生する純収益および復帰価格を予測しそれらを明示することから、収益価格を求める過程について説明性に優れたものです。しかしながら、直接還元法およびDCF法は、毎期の純収益および価格の変動予測が適切に評価の過程に織り込まれる場合には、両者に手法上の優劣はありません。

図表 4 -13　DCF法による収益価格査定表

DCF法による収益価格査定表

1. 収益価格

①	②							③
5年間の正味純収益の現価の合計額	A 6年目の正味純収益	B 最終還元利回り	C 5年目期末の売却価格 A÷B	D 売却費用 C×2.0%	E 正味売却価格 C-D	F 複利現価率	G 正味売却価格の現価 E×F	DCF法による収益価格 ①+②
455,550,244	105,661,405	4.8%	2,201,279,268	44,025,585	2,157,253,683	0.8063	1,739,393,645	2,194,943,889 ≒ 2,190,000,000

2. 採用利回り

割引率	4.4%
最終還元利回り	4.8%

3. キャッシュフロー表

		0年目	1年目	2年目	3年目	4年目	5年目	6年目
(a)貸室賃料収入			111,380,648	120,669,912	120,669,912	120,669,912	120,669,912	120,669,912
	事務所		111,380,648	120,669,912	120,669,912	120,669,912	120,669,912	120,669,912
	変動率		－	8.3%	0.0%	0.0%	0.0%	0.0%
	変動率							
(b)共益費収入			20,666,520	20,666,520	20,666,520	20,666,520	20,666,520	20,666,520
	事務所		20,666,520	20,666,520	20,666,520	20,666,520	20,666,520	20,666,520
	変動率		－	0.0%	0.0%	0.0%	0.0%	0.0%
	変動率							
(c)共益費込み賃料収入 [（a）+（b）]			132,047,168	141,336,432	141,336,432	141,336,432	141,336,432	141,336,432
	事務所		132,047,168	141,336,432	141,336,432	141,336,432	141,336,432	141,336,432
	変動率		－	7.0%	0.0%	0.0%	0.0%	0.0%
	変動率							
(d)水道光熱費収入			11,040,000	11,040,000	11,040,000	11,040,000	11,040,000	11,040,000
	事務所		11,040,000	11,040,000	11,040,000	11,040,000	11,040,000	11,040,000
	変動率		－	0.0%	0.0%	0.0%	0.0%	0.0%
(e)駐車場収入			1,836,000	1,836,000	1,836,000	1,836,000	1,836,000	1,836,000
	駐車場		1,836,000	1,836,000	1,836,000	1,836,000	1,836,000	1,836,000
	変動率		－	0.0%	0.0%	0.0%	0.0%	0.0%
(f)その他収入			36,000	36,000	36,000	36,000	36,000	36,000
	看板等		36,000	36,000	36,000	36,000	36,000	36,000
	変動率		－	0.0%	0.0%	0.0%	0.0%	0.0%
	変動率							
(g)空室損失等			7,153,158	7,617,622	7,617,622	7,617,622	7,617,622	7,617,622
	事務所		6,602,358	7,066,822	7,066,822	7,066,822	7,066,822	7,066,822
	空室率		5.0%	5.0%	5.0%	5.0%	5.0%	5.0%
	変動率							
	駐車場		550,800	550,800	550,800	550,800	550,800	550,800
	空室率		30.0%	30.0%	30.0%	30.0%	30.0%	30.0%
(g)貸倒損失			0	0	0	0	0	0
	事務所		0	0	0	0	0	0
	変動率		－	0%	0%	0%	0%	0%

(i) 維持管理費			6,960,000	6,960,000	6,960,000	6,960,000	6,960,000	6,960,000
	変動率		–	0.0%	0.0%	0.0%	0.0%	0.0%
(j) 水道光熱費			13,030,000	13,030,000	13,030,000	13,030,000	13,030,000	13,030,000
	変動率		–	0.0%	0.0%	0.0%	0.0%	0.0%
(k) 修繕費			1,404,600	1,404,600	1,404,600	1,404,600	1,404,600	1,404,600
	変動率		–	0.0%	0.0%	0.0%	0.0%	0.0%
(l) プロパティマネジメントフィー			2,535,320	2,711,816	2,711,816	2,711,816	2,711,816	2,711,816
	変動率		–	7.0%	0.0%	0.0%	0.0%	0.0%
(m) テナント募集費用等			1,763,527	1,910,607	1,910,607	1,910,607	1,910,607	1,910,607
	変動率		–	8.3%	0.0%	0.0%	0.0%	0.0%
(n) 公租公課(土地)			8,250,800	8,250,800	8,250,800	8,250,800	8,250,800	8,250,800
	変動率		–	0.0%	0.0%	0.0%	0.0%	0.0%
(建物)			4,819,200	4,819,200	4,578,240	4,578,240	4,578,240	4,349,328
	変動率		±0	±0	▲5.0%	±0	±0	▲5.0%
(償却資産)			0	0	0	0	0	0
	変動率		–	0.0%	0.0%	0.0%	0.0%	0.0%
(p) 損害保険料			401,790	401,790	401,790	401,790	401,790	401,790
	変動率		–	0.0%	0.0%	0.0%	0.0%	0.0%
(q) 原状回復費			0	0	0	0	0	0
	変動率		–	0.0%	0.0%	0.0%	0.0%	0.0%
(r) その他費用			879,000	879,000	879,000	879,000	879,000	879,000
	変動率		–	0.0%	0.0%	0.0%	0.0%	0.0%
運営費用合計			40,044,237	40,367,813	40,126,853	40,126,853	40,126,853	39,897,941
	経費率		29.1%	27.5%	27.4%	27.4%	27.4%	27.2%
運営純収益(NOI)		0	97,761,773	106,262,997	106,503,957	106,503,957	106,503,957	106,732,869

保証金の運用益		2,205,936	2,205,936	2,205,936	2,205,936	2,205,936	2,205,936
	事務所	2,205,936	2,205,936	2,205,936	2,205,936	2,205,936	2,205,936
	変動率	–	0.0%	0.0%	0.0%	0.0%	0.0%
	駐車場	0	0	0	0	0	0
	変動率	–	0.0%	0.0%	0.0%	0.0%	0.0%
資本的支出		3,277,400	3,277,400	3,277,400	3,277,400	3,277,400	3,277,400
		3,277,400	3,277,400	3,277,400	3,277,400	3,277,400	3,277,400
	変動率	–	0.0%	0.0%	0.0%	0.0%	0.0%
純収益(NCF)		96,690,309	105,191,533	105,432,493	105,432,493	105,432,493	105,661,405
複利現価率		0.9579	0.9175	0.8788	0.8418	0.8063	
正味純収益の現在価値		92,619,647	96,513,231	92,654,075	88,753,072	85,010,219	

第5章

物件別
担保評価の方法

1 方位

　土地の方位は、前面道路のある方角（接道方位）で判断します。前面
道路と南側で接道している場合、道路に日照を遮る建物が建つことはな
く、晴れの日は長時間良好な日照が確保できます。したがって、南向き
の方位の土地は他の方位に比べて価値が高くなります。

　北向きは日照が悪く、暗くて湿気も多いなど、4方位の中で最も価値
が低くなります。しかし、南北に長い土地は、北側に玄関、南側に庭を
設けることにより南側隣地建物と適度な距離を保つことができ、また、
建物の南側にリビングを設けると、室内への日照を確保することができ
ます。

　したがって、必ずしも接道方位が北だからといって価値が低くなるわ
けではなく、対象不動産の状況に即して検討すべきです。

　東向きは朝日が、西向きは夕日が得られますが、通常は朝日が得られ
るほうが早朝から日照が確保でき、明るさと室温の上昇、湿気の除去が
できるため、東向きのほうが価値が高いと考えられます。

　住宅地で南側に道路がある場合、庭をその道路に面して設けることが
多くなりますが、その庭や庭に面しているリビングが人目にさらされる
ことになります。よってプライバシーを考えた場合、北向きのほうが有
利になることもあります。

　また、商店街では、太陽光が商品を劣化させる場合もあり、必ずしも
南向きが選好されるとは限りません。その他、商業地では人通りや交通
量が商業収益性に与える影響が大きく、方位はそれほど重視されません。
工業地においても、原材料・製品搬入搬出の容易さなどが重視されるた
め、方位は重視されない傾向にあります。

　方位の格差率を用いる場合、筆者は、北：0、西：＋1、東：＋2、
南：＋4という格差を用います（**図表5-1**）。ただし、地域の状況によ

り異なることもありますので、地域や対象不動産の実情に応じた格差率を用いるようにしてください。

　参考までに、土地価格比準表の補正率は**図表5-2**の通りです。

図表5-1　方位格差

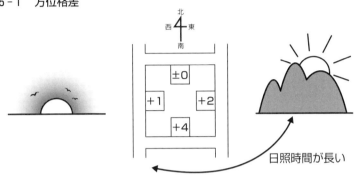

日照時間が長い

図表5-2　補正率表

住宅地域の別	北	西	東	南
優良住宅地域	1.00	1.01	1.02	1.04
標準住宅地域	1.00	1.02	1.04	1.06
混在住宅地域	1.00	1.02	1.04	1.07

※七次改訂　土地価格比準表を参考（単位：％）

2 角地

①住宅地の場合

　住宅地における角地のメリットとしては、次のようなことが考えられます。

　　・敷地の2辺が道路に接することにより、日照、通風が良くなること
　　・狭い敷地の場合は閉鎖性の開放になること

・両方向から日照が得られること

・両道路とも建築基準法上の道路の場合は建ぺい率が緩和される場合があること

　一方で、接する道路が両道路とも交通量が多い場合、自動車の騒音、

写真 5 - 1

▲住宅街の角地①…車はあまり入ってこないので騒音は少ないが、プライバシー確保の点では塀をもっと高くしたほうがよい。

写真 5 - 2

▲住宅街の角地②…住宅街だがやや幅の広い道路に面しているため、朝晩は車の通行量が多い。

振動や排気ガスの影響なども考えられ、居住環境としてはデメリットに
なります。住宅地においては、居住の快適性や利便性がプラス要因とし
て重視されますが、騒音や振動が増す場合は、角地であることが必ずし
もプラスに作用しないこともあるということです（**写真5-1、5-2**）。

　角地の方位は、通常、東南が最も良いといわれています。東側の朝日
と南側の日照を享受できるからです。しかし、東側に朝日を遮る建物が
ある場合や、夕日（西側）の眺望が優れる場合、冬季にはより多くの日
照時間が確保できるなど、南西の角地が選好される場合もあります。

　したがって、角地の方位によって一律的に判断することは極力避け、
対象不動産の存する地域における位置や居住環境を、現地で実際に確認
することが重要です。

②商業地の場合

　商業地における角地のメリットは、商業収益性の向上につながる要因
が考えられます。

　・両道路からの視認性が向上する

　・両道路から店舗へのアクセスが可能となる

 写真5-3

▲商業地の角地…大きな交差点の角にあるため視認性は良好となって
　いる。

・建ぺい率制限の緩和により店舗面積を多くとることができる

　交差点の角にあるコンビニエンスストアなどは、両方の道路から車で入ることができ、非常に便利です。また、郊外にある店舗などでは、敷地内駐車場の入口と出口を分けることにより交通渋滞の緩和を図ることもできます（**写真5-3、図表5-3、5-4**）。

図表5-3　商業地の角地①

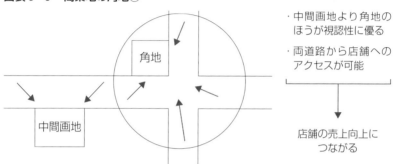

・中間画地より角地の
　ほうが視認性に優る

・両道路から店舗への
　アクセスが可能

店舗の売上向上に
つながる

図表5-4　商業地の角地②

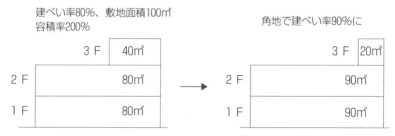

１F、２Fの売場面積が増えることにより
売上の増加につながる

　このように、商業地の角地の場合は、住宅地と異なり角地であることによるデメリットはあまりありません。

　また、住宅地、商業地にかかわらず角地であっても効用増が認められない、すなわち、マイナスではないものの角地によるメリットが特段認められないというケースもあります。例えば、片方の道路が車の通行が

できないほど幅員が狭い場合や、道路との高低差があり人や車の出入りができない場合などです。

　角地の格差率は、筆者の場合0〜＋5程度を使うことが多いです。参考までに土地価格比準表では**図表5-5**のような格差率となっています。

図表5-5　角地の補正率表

地域	普通	やや優る	優る	相当に優る	特に優る
優良住宅地域	1.00	1.02	1.03	1.04	1.07
標準住宅地域	1.00	1.03	1.05	1.07	1.10
混在住宅地域	1.00	1.03	1.05	1.08	1.12
農家集落地域	1.00	1.02	1.04	—	—

普通……………標準的画地（一方路）
やや優る………角地の方位および側道の広さから勘案して快適性および利便性がやや高い角地
優る……………角地の方位および側道の広さから勘案して快適性および利便性が高い角地
相当に優る……角地の方位および側道の広さから勘案して快適性および利便性が相当に高い角地
特に優る………角地の方位および側道の広さから勘案して快適性および利便性が特に高い角地
※七次改訂　土地価格比準表を参考（単位：%）

図表5-6　準角地

　また、角地の中には「準角地」と呼ばれるものもあります。準角地とは、一系統の道路の屈折部の内側に位置する**図表5-6**のような画地をいいます。敷地の二方が道路に接していることから、日照・通風が良くなり、敷地の開放性が得られ、建ぺい率が緩和される場合もあります。

3 二方路

　二方路とは、角地と同様、敷地の二方が道路に面していますが、そのうち、**図表5-7**のように南側と北側、あるいは西側と東側というように、敷地の相対する面が道路に接している敷地をいいます。

図表5-7　住宅地と商業地の二方路

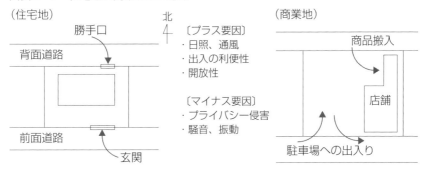

写真5-4

▲背面道路と高低差がある二方路…二方路でもこの写真のように背面道路との高低差が極めて大きい場合は、二方路による効用増は小さい（場合によってはゼロ）。

　二方路のメリットは、角地と同じく日照・通風が良くなること、狭い敷地の場合は開放的になること、また、接する道路が両方とも建築基準法上の道路の場合には建ぺい率が緩和される場合があります。

　角地と同様、住宅地にあっては二方路が必ずしもプラス要因になるとは限りません。というのも、両方の道路で人や自動車の交通量が多いと、プライバシーの侵害や騒音・振動等の問題も生じます。また、建ぺい率の緩和も、敷地規模が大きい場合には制限いっぱいの建築面積をとっている住宅は少なく、特段メリットにならない場合も多いからです。

　角地同様、二方路の場合も対象不動産の存する地域における位置や居住環境を現地に赴き実際に確認することが重要です（**写真5-4**）。

　一方、商業地にあっては両サイドが道路に接するということになり、両方向から顧客のアクセスが可能となります。また、片方を商品搬入のためのバックヤードとして利用することもできます。建ぺい率の緩和があれば、角地の場合と同様、店舗面積を広く取ることが可能となります。

　二方路であることのメリットは、商業繁華性が高い地域であればあるほど大きくなるといえるでしょう。

図表5-8　二方路の補正率表

地域	普通	やや優る	優る	相当に優る	特に優る
高度商業地域	1.00	1.03	1.05	1.08	1.10
準高度商業地域	1.00	1.03	1.05	1.08	1.10
普通商業地域	1.00	1.02	1.04	1.06	1.08
近隣商業地域	1.00	1.02	1.04	1.06	1.08
郊外路線商業地域	1.00	1.02	1.04	1.06	1.08

普通……………標準的画地（一方路）
やや優る………裏面道路（高度商業地域および準高度商業地域では背面道路という。以下同じ）の系統、連続性等が正面道路より相当に劣る
優る……………裏面道路の系統、連続性等が正面道路より劣る
相当に優る……裏面道路の系統、連続性等が正面道路よりやや劣る
特に優る………裏面道路の系統、連続性等が正面道路とほぼ同じ
※七次改訂　土地価格比準表を参考（単位：％）

私たち不動産鑑定士が参考に使っている土地価格比準表においても、普通商業地域や郊外路線地域より高度商業地域のほうが高い格差率となっています（**図表5−8**）。

<商業地域の区分>

　不動産鑑定評価基準では、商業地域の区分を次の①〜⑤のように定めています。

①高度商業地域

　高度商業地域は、例えば大都市（東京23区、政令指定都市等）の都心または副都心にあって、広域的商圏を有し、比較的大規模な中高層の店舗、事務所等が高密度に集積している地域であり、高度商業地域の性格に応じて、次のような細分類が考えられます。

　a．一般高度商業地域…主として繁華性、収益性等が極めて高い店舗が高度に集積している地域（**写真5−5、5−6**）

　　　（東京の銀座、大阪の心斎橋、福岡の天神など）

写真5−5

▲一般高度商業地域①（東京・銀座）

写真 5 - 6

▲一般高度商業地域②（大阪・心斎橋）

b．業務高度商業地域…主として行政機関、企業、金融機関等の事務所が高度に集積している地域（**写真 5 - 7**）

（東京の大手町・丸の内、大阪の淀屋橋・北浜など）

写真 5 - 7

▲業務高度商業地域（東京・大手町）

c．複合高度商業地域…店舗と事務所が複合して高度に集積している
　　地域（**写真5‒8**）

　　（東京の新宿、大阪の梅田など）

写真5‒8

▲複合高度商業地域（東京・新宿）

②準高度商業地域

　高度商業地域に次ぐ商業地域であって、広域的な商圏を有し、店舗、
事務所等が連たんし商業地としての集積の程度が高い地域。

③普通商業地域

　高度商業地域、準高度商業地域、近隣商業地域および郊外路線商業地
域以外の商業地域であって、都市の中心商業地域およびこれに準ずる商
業地域で、店舗、事務所等が連たんし多様な用途に供されている地域（**写
真5‒9**）。

④近隣商業地域

　主として近隣の居住者に対する日用品等の販売を行う店舗等が連たん
している地域（**写真5‒10**）。

写真5-9

▲普通商業地域（大阪・四ッ橋）

写真5-10

▲近隣商業地域（東京・新井薬師前）

⑤郊外路線商業地域

　都市の郊外の幹線道路（国道、都道府県道等）沿いにおいて、店舗、営業所等が連たんしている地域。

4 里道・水路が介在する場合

　里道・水路とは、道路法や河川法が適用されない道や水路のことで、赤線（赤地）、青線（青地）などとも呼ばれています。現在も道路や水路として機能している場合もありますが、今ではその機能は失われ、形すら残っていない場合もあります。

　里道や水路等の法定外公共物は、現況において機能しておらず、廃止しても支障がない場合や、所有土地の中に使われていない里道や水路がある場合などは、払下げを受けることができます（払下げが不可能な場合もある）。

　払下げを受ける場合は、境界確定測量、払下げ申請等の手続きが必要になります。土地価格は役所が決めますが、里道や水路は細長い形状のため、一般的に考えて土地としての評価は低いでしょう。しかし、払下げに要する費用は、土地の状況により様々なケースが考えられるため、一概にはいえません。

　また、払下げには1年程度の期間を要します。したがって、保守的な見地に立ち、里道・水路部分の土地単価は対象不動産の土地単価と同額とし、細長い形状であることによる減価は考えなくてよいでしょう。

　計算方法には、次のように2通りあります。

①里道・水路部分の面積を対象地全体の面積から控除する方法

　対象地全体の面積が300㎡、うち里道の面積が約27㎡とすると、有効面積を273㎡（300㎡－27㎡）として対象地の価格を算定する方法です。

②里道・水路部分の面積を個別格差に置き換え計算する方法

　上記と同じ面積とすると、$\dfrac{\text{里道面積27㎡}}{\text{全体面積300㎡}}=0.09$

　以上より、里道介在による補正率は▲9％

　里道の正確な面積が判明していれば①の方法でもよいですが、里道面

積を概測する場合は、②のほうがよいでしょう。

図表 5 - 9　水路介在（公図）

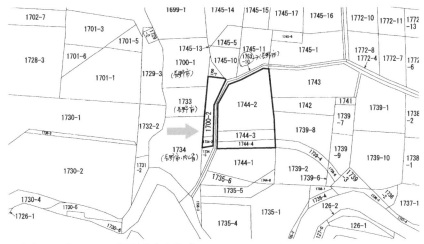

※矢印は写真 5 - 11の撮影方向を示す

写真 5 -11

▲水路介在…外観上は水路があるかどうか分からない。

　図表 5 - 9、写真 5 -11は対象不動産内に水路と里道が介在しているケースです。公図上、対象不動産を分断するように 2 本の細い水路と里道が走っています。しかし写真を見ると分かりますが、現況は駐車場と建

物の敷地となっており、水路等が実際に存在するかどうか不明です。

　水路・里道にまたがって敷地を利用している場合、専用使用料を支払っている可能性も考えられます。専用使用料に関しては、各市町村自治体で異なるので注意深く確認することが必要です。また、敷地内に配管が埋設されているかを確認し、埋設されている場合は、その配管が利用されているのかどうかも確認するようにしましょう。

5 不整形地

　不整形地とは、近隣地域の標準的画地と比較して形状的に劣っているものをいいます。

　図表5-10は標準的画地で、**5-11**と**5-12**はいずれも不整形な画地です。5-10の標準的建物をそのままそれぞれの不整形地に描いていますが、5-11ではAが、5-12ではBが不整形な部分となっています。

　標準的建物を建てた場合、A部分は余分なスペースであり、容積率・建ぺい率の計算対象となる敷地面積には算入されますが、建物の敷地とするには無理があり、庭などに用途が限定され、土地の価値としては整形部分より劣ることになります。

図表5-10　標準的画地（整形地）

図表 5 -11　不整形地①

① 土　地

建　物

庭や物置き場くらい
しか利用できない。

A

図表 5 -12　不整形地②

② 土　地

建　物

建物の敷地として不
足している

B

　すなわち、対象不動産全体で捉えた場合、同じ面積の整形地より、不整形であることによる減価が生じるということです。

　また、B部分は標準的な建物を建てるのに必要な部分ですが、不整形地ではこの部分がないため、標準的建物のような形状の建物が建てられません。つまり、土地としての利用効率が劣り、その分整形地に比べて減価が生じることになります。

＜不整形地の補正方法＞

　不整形地の補正には、土地価格比準表の格差率を用いる方法、財産評価基本通達や固定資産評価基準の不整形地補正率表を準用する方法もあります。ここで、土地価格比準表の補正率は**図表 5 -13**の通りです。

図表 5 -13　補正率表

	普通	やや劣る	劣る	相当に劣る	極端に劣る
標準住宅地域	1.00	0.93	0.86	0.79	0.65

普通…………標準的な画地の形状とほぼ同じ形状の画地
やや劣る……やや不整形の画地
劣る…………不整形の画地
相当に劣る…相当に不整形の画地
極端に劣る…極端に不整形の画地

なお、財産評価基本通達における不整形地補正率の求め方は、次の通りです。

a. 担保土地の地区および地積の別を「**図表5-14の地積区分表**」にあてはめ、A、B、Cのいずれの地積区分に該当するかを判定します。

b. 担保土地の画地全域を囲む整形地（想定整形地）の地積を算出し、次の式により「かげ地割合」を算出します。

かげ地割合＝（想定整形地の地積－不整形地の地積）÷想定整形地の地積

c. 前記a.の地区・地積区分を「**図表5-15の不整形地補正率表**」にあてはめ、不整形地補正率を求めます（**図表5-16**）。

図表5-14　地積区分表

地積区分 地区区分	A	B	C
高度商業地区	1,000㎡未満	1,000㎡以上 1,500㎡未満	1,500㎡以上
繁華街地区	450㎡未満	450㎡以上 700㎡未満	700㎡以上
普通商業・併用住宅地区	650㎡未満	650㎡以上 1,000㎡未満	1,000㎡以上
普通住宅地区	500㎡未満	500㎡以上 750㎡未満	750㎡以上
中小工業地区	3,500㎡未満	3,500㎡以上 5,000㎡未満	5,000㎡以上

図表 5 -15　不整形地補正率表

地区区分／地積区分／かげ地割合	高度商業地区、繁華街地区、普通商業・併用住宅地区、中小工場地区			普通住宅地区		
	A	B	C	A	B	C
10%以上	0.99	0.99	1.00	0.98	0.99	0.99
15%以上	0.98	0.99	0.99	0.96	0.98	0.99
20%以上	0.97	0.98	0.99	0.94	0.97	0.98
25%以上	0.96	0.98	0.99	0.92	0.95	0.97
30%以上	0.94	0.97	0.98	0.90	0.93	0.96
35%以上	0.92	0.95	0.98	0.88	0.91	0.94
40%以上	0.90	0.93	0.97	0.85	0.88	0.92
45%以上	0.87	0.91	0.95	0.82	0.85	0.90
50%以上	0.84	0.89	0.93	0.79	0.82	0.87
55%以上	0.80	0.87	0.90	0.75	0.78	0.83
60%以上	0.76	0.84	0.86	0.70	0.73	0.78
65%以上	0.70	0.75	0.80	0.60	0.65	0.70

図表 5 -16　補正率の算出例

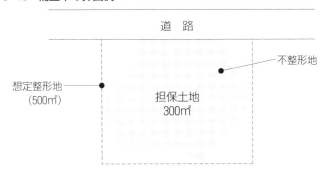

担保土地は図のように不整形であり、標準住宅地域に存しています。

a．図表 5 -14は路線価図記載の地区区分ですが、本ケースでは「普通住宅地区」とします。
　担保土地の地積は300㎡ですので、地積区分は「A」に該当します。
b．図表 5 -16の破線のように担保土地の画地全体を囲む整形地を想定します。想定整形地
　の地積は500㎡とします。
　かげ地割合は、(500㎡−300㎡)÷500㎡＝40%となります。
c．図表 5 -15より、担保土地の不整形地補正率は0.85(▲15%)となります。

図表5-17　想定整形地の取り方

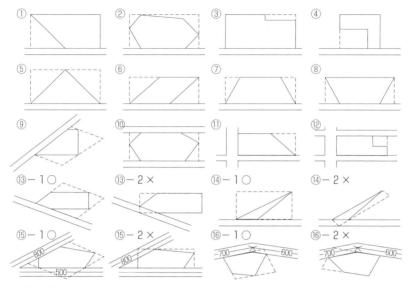

※上記の⑬から⑯までは、－1の例（○）が正しく、－2の例（×）は誤りです。

6 袋地

　袋地とは、**図表5-18**のような形状の土地をいい**図表5-19**のような事情によりできます。袋地は有効宅地部分と路地状部分からなり、有効宅地部分は路地状部分を介して建築基準法上の道路に接します。

　すなわち、路地状部分は有効宅地部分から道路に出る通路としての機能を有しており、また、緊急時の避難路、消防の出入口としての機能も必要であることから、その長さや幅は重要な要素です。なお、実務では路地状部分のことを敷地延長や専用通路といいますが、略して「しきえん」「せんつう」ともいいます。

　袋地は有効宅地部分と路地状部分とに分けて考え、それらの格差率を合計して対象地全体の格差率を求めます。

図表5-18　袋地

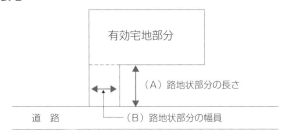

有効宅地部分

（A）路地状部分の長さ

道　路 ——（B）路地状部分の幅員

図表5-19　袋地のできる訳

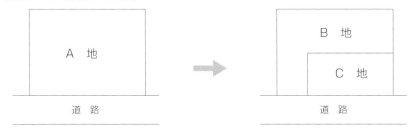

A　地

道　路

B　地

C　地

道　路

長方形のA地を2分割すると、B地のような袋地とC地のような整形地ができる。土地の単価はB地
＜C地となるが、B地の面積をやや広くすることにより、B地、C地の各総額は同程度となる。

①有効宅地部分

　有効宅地部分は路地状部分により道路に接しているので、当該路地状部分の長さ（A）が長ければ長いほど道路への避難に支障を来します。また、周囲が住宅等に囲まれていると、日照・通風が不良となり快適性が劣る場合があります。よって、路地状部分の長さが長いほどマイナスの補正値が大きくなります（**図表5-20**）。

②路地状部分

　路地状部分はどれだけ有効に使えるかがポイントになり、路地状部分の幅員（B）の大きさに左右されます。幅員が大きければ当該部分を庭として使えるほか、駐車スペース（幅員3m以上必要）として使うこともできます。よって、マイナスの補正値は幅員の数値が小さいほど大きくなります（**図表5-21**）。

路地状部分の長さ	補正率
10m未満の場合	−10%
10m以上20m未満	−15%
20m以上	−20%

路地状部分の幅員	補正率
3 m以上	−30%
2 m以上 3 m未満	−50%

※幅員が 2 m未満の場合は無道路地を参照

③土地全体の補正率

　土地全体の補正率は、有効宅地部分と路地状部分の補正率を加重平均して求めます。

（計算例）

　土地全体面積：100㎡、有効宅地部分の面積：90㎡、

　路地状部分の面積：10㎡

　有効宅地部分の補正率：−10%、路地状部分の補正率：−50%

　$(-0.1×90㎡)+(-0.5×10㎡)=-0.14=-14\%$

　以上より、土地全体の補正率は−14%となります。

写真 5 -12

▲路地状部分①

　写真 5 -12、5 -13は路地状部分を含む対象不動産です。**図表 5 -22**の地積測量図を見ると、間口が3.39mあるため、駐車スペースとしての利用ができています。**図表 5 -23**の建物図面には、敷地全体における建物の位置が描かれています。

写真 5 -13

▲路地状部分②

図表 5 -22　地積測量図

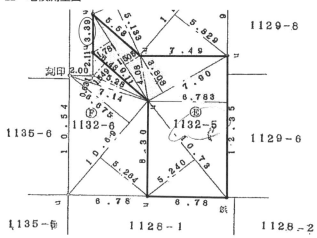

図表 5 -23　建物図面

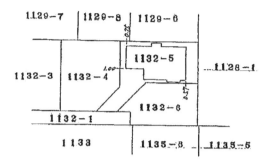

7 大規模地

　対象不動産が大規模地で住宅地域に存する場合は、多くの場合、分譲住宅用地かマンション用地かの2つの利用が考えられます。一般的に考えて、郊外の戸建住宅が多い地域であれば分譲住宅用地、都心に近い利便性のよい地域であればマンション用地としての利用が適切でしょう。

　大規模地の補正率を検討する場合は、どちらの場合も、開発行為の技術基準や宅地開発指導要綱の内容に即した内容を検討します。

　分譲住宅用地であれば、道路部分や公園部分などの面積の全体面積に対する割合が減価率（補正率）になります（**図表5 -24**）。

図表 5 -24　大規模地

土地全体面積3,000㎡、開発道路面積500㎡、公園面積200㎡とすると、減価率（補正率）は、

$$\frac{(500㎡＋200㎡)}{3,000㎡} ≒0.23 \quad ∴▲23\%$$

写真 5 -14

▲大規模地の新築マンション…写真は都心に近く利便性の高い場所に
建った新築マンション。このような地域でマンション適地が売りに
出ると、買主が競合し価格がつり上がっていくという、大規模地で
あるが故の増価が発生する。

　マンション用地の場合は道路を造らないため、道路による潰れ地がで
ません。また、マンション用地は容積率が比較的大きい場合が多く、人
気のある地域や駅近の物件の場合は、その希少性がプラス要因と判断さ
れ、大規模地による増価が発生する場合もあります（**写真 5 -14**）。

　そのような地域で売り物が出ると、ディベロッパーなどの買主が殺到
するため、価格を上昇させる要因にもなり得ます。今までの傾向からす
ると、大規模地であることは不動産市場が過熱気味のときはプラスに作
用し、そうでないときはマイナスに作用しています。

8　私道負担

　対象不動産の一部に私道の敷地が含まれている場合の私道敷地部分を

私道負担といいます。

　住宅地を分譲するにあたって、前面道路である私道の管理負担を明確にするため、あるいは、第三者が私道の勝手な変更・廃止をするのを防ぐために、私道の一部を所有する場合などです。実際にこのような私道は位置指定道路等の建築基準法上の道路になっているため、勝手に変更・廃止することはできません。

　なお、私道負担部分の面積は建ぺい率・容積率を算出する際の敷地面積には算入できません。

　担保評価の場合は、私道負担部分についてはゼロ評価でよいでしょう。すなわち、土地の全体面積から私道負担面積を控除してしまうか（有効部分面積のみ評価対象とする）、私道負担面積の全体面積に対する割合を減価率（補正率）として個別格差補正に用いるかどちらかです。

　図表５-25、５-26は、折込チラシに掲載されていた私道負担のある売物件の例です。

図表５-25　私道負担①

図表 5 -26　私道負担②

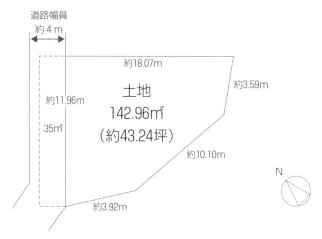

道路幅員
約 4 m

約18.07m

約3.59m

土地
142.96㎡
（約43.24坪）

約11.96m

35㎡

約10.10m

約3.92m

N

図表 5 -27　私道の共有と分有

①共有の場合

市道

A　B

C

F　E

D

私道Ａ・Ｂ・Ｃ・Ｄ・Ｅ・Ｆの共有

②分有の場合

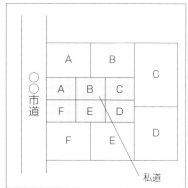

市道

A　B

C

A　B　C

F　E　D

F　E

D

私道

〈私道の共有・分有の場合〉

　まず調査することは、その私道が建築基準法上の道路なのか否かということです。建築基準法上の道路ではない場合は、無道路地のところで説明します。

　図 5 -27の場合、幅員 4 mの位置指定道路とします。

①共有の場合

　道路部分が1筆で登記されており、所有権は6人で均等に共有されています。抵当権は対象の土地・建物と道路の持分に設定する必要があります。または、双方に設定されていることを確認する必要があります。

②分有の場合

　道路部分は6筆に分かれており、所有権は（土地・建物）の所有者と紐付けされる形となっています。抵当権は対象の土地・建物とそれに紐付けされた（対応した）道路部分の地番の土地に設定する必要があります。または、双方に設定されていることを確認します。

　これらにおいて、稀に道路部分の所有者が異なる、または道路部分に抵当権が設定されていない、というケースが見受けられます。原因としては、売買のときに道路部分の所有権の移転登記を忘れた、道路部分に抵当権の設定を忘れた、などの理由が考えられます。特に金融機関においては抵当権の設定を忘れることのないよう、しっかりとした調査が必要となります。

　また、私道部分について、第三者と共有または分有している場合、通行掘削同意書を取得していない場合に、配管の改修工事等に支障を来す場合があります。さらに、紛争が起きる可能性もあるため、私道の部分の「通行・掘削同意書」の有無は非常に重要です（**図表5-28**）。

図表5-28　通行・掘削同意書

通行・掘削同意書

　下記記載の共有土地は、昭和アセットリサーチ株式会社、山田一郎、田中次郎の
それぞれの土地利用のために、共有土地の共有道路部分を使用するにつき、下記の
とおり互いに承諾するものとする。

1. 共有土地は、それぞれの土地利用のために、共有道路部分を道路として無償に
て通行することを、互いに承諾します。
2. 共有土地は、それぞれの有効宅地部分に、再建築等をするに際し、共有土地道
路部分に、給排水・ガス管等の配管に関する掘削を行うことに対し、現況に復
することを条件に、互いに無償にて承諾します。
3. それぞれの土地の持ち分を譲渡した場合においては、譲受人に対し、上記内容
を継承するものとする。

共有土地…中野区新井2丁目10番11号

令和○年○月○日

住　所　東京都千代田区内神田1丁目15-12　サトウビル5F
　　　昭和アセットリサーチ株式会社

氏　名　**代表取締役　神山　大典**

住　所　**中野区新井2丁目1番2号**

氏　名　**山田　一郎**

住　所　**中野区新井2丁目1番2号**

氏　名　**田中　次郎**

9 無道路地

　無道路地とは、建築基準法上の道路にまったく接していない土地（**図表5-29**）をいいます。建築物が建築可能であるためには、都市計画区域内にあっては、対象不動産が接道義務を満たす必要がありますが、無道路地にはその接道がありません。したがって、建築基準法上、建築物の建築が不可能な土地ということになります。

図表5-29　無道路地①

〈まったくの無道路地〉
道路との間にBさん所有地、Cさん所有地が介在しているので、Aさん所有の対象地は無道路地となる

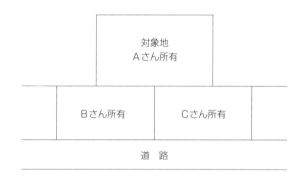

　また、**図表5-30**は建築基準法上の道路に路地状部分が接しているものの、その幅員が1mしかなく、接道義務を満たしていません。この場合も建築物の建築は不可能ですので、無道路地扱いとなります。

図表5-30　無道路地②

〈接道幅が足りないため無道路地となるケース〉

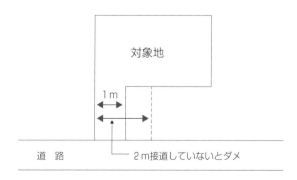

　無道路地の場合、囲繞地通行権（現在の民法では「公道に至るための土地の通行権」といいます）を主張できる土地を、登記情報で分筆の経緯等を調査し、特定することが必要です。そして、囲繞地通行権を主張できる土地が複数ある場合は、その距離、建物の立地状況等から建築基準法上の道路に最も容易に達することができる土地を選択します。

　囲繞地通行権（公道に至るための土地の通行権）は、民法210条に規定されており、ある土地が他の土地に囲まれて公路に通じていないときは、その土地の所有者は公路に至るために囲繞地を通行することができるとされ、この囲繞地（対象土地を囲む隣接地）を通行する権利を囲繞地通行権といいます。

　さらに民法213条は、土地を分割したことにより、公路に通じていない土地が生じたときは、その土地の所有者は公路に至るために他の分割者の所有地のみを通行することができると規定しています。

　したがって、無道路地を建築物の敷地として利用できるようにするためには、囲繞地通行権を主張し通路部分を確保することですが、囲繞地通行権に基づく通路の幅員が接道義務を満たす2m以上認められる場合は少なく、判例を見ても、建築基準法上の接道義務規定を念頭に置くものは多いのですが、実際に接道義務を満たすために必要な幅員が認められることは少ないようです（**図表5-31**）。

図表5-31　無道路地③

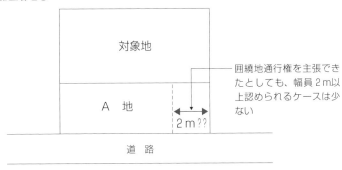

<建築基準法43条２項２号許可（旧43条１項ただし書許可）＞

　写真５-15は、外見上は道路のように見えますが、建築基準法上の道路ではありません。役所調査の結果、世田谷区の管理道路ではあるが、建築基準法上の道路ではないということが判明しました（**図表５-32**）。

　よって、このままでは接道義務を満たしていないので建物の建築はできませんが、建築基準法43条２項２号の許可を得られれば建築が可能との回答を得ました。

　建築基準法43条１項では、「建築物の敷地は建築基準法上の道路に２ｍ以上接しなければならない」と規定していますが、新たに認定制度が創設され、従来の43条１項ただし書許可は43条２項２号許可となりました（P.173参照）。

写真５-15

▲無道路地…外見だけでは建築基準法上の道路かどうか分からない。

　43条2項2号の許可は、接道義務に対する特例的な許可となるため、法の趣旨に基づく適切な判断が求められ、通常の建築確認申請よりも比較的長い打ち合わせ期間と建築審査会の同意が必要となるので、許可を受けるまでにかなりの期間を要します。また、必ず許可されるわけではなく、許可されない場合もあるので注意が必要です。

　参考までに、世田谷区におけるただし書き道路の取扱いについての資料を掲載します（**図表5-33、5-34、5-35、5-36**）。

図表5-32　無道路地④（写真5-15付近の公図）

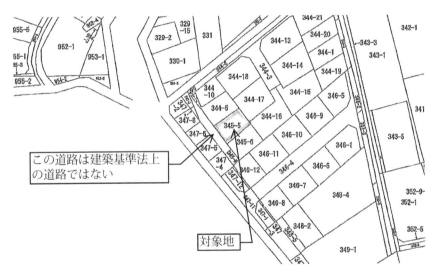

建築基準法４３条第２項第１号認定の取り扱いについて

　敷地と道路の関係は、建築基準法第42条に基づく道路に２ｍ以上接することを原則として、建築基準法第43条第2項第1号認定は例外的に適用されるものである。
　世田谷区においては、下記のとおり「建築基準法第43条第2項第1号に関する認定基準」を定め運用することとする。

建築基準法４３条第２項第１号に関する認定基準

30 世建調第２７７号
平成 30 年 9 月 25 日

　建築基準法（以下「法」という。）第43条第2項第1号の規定による取り扱いについては、次の基準に該当するものは認定するものとする。ただし、都市計画法第29条に基づく許可を要するもの（開発行為）を除く。なお、ここでいう「道」とは、一般の通行のように供されている道路状空地（水路を除く）のことをいう。

基準1　敷地と道路の間に、次の一号から三号のいずれかに該当するものが存在し、道路に有効に接続する幅員4メートル以上の通路が確保されている敷地及び四号及び五号の基準に適合する計画であること
　一　管理者の占用許可、承諾又は同意が得られた水路
　二　地方公共団体が管理する認定外道路等の公有地
　三　都市計画事業等により、道路に供するため事業者が取得した土地
　四　建築物の用途及び規模は、延べ面積 200 平方メートル以内の一戸建ての住宅とすること
　五　隣地境界線から建築物の部分（外壁、出窓、バルコニー等）までの水平距離が有効で50センチメートル以上であること、地階部分（ﾄﾞﾗｲｴﾘｱ、地盤面より突出した部分を含む）については、有効で50センチメートル以上であること

基準2　道路に有効に接続する、地方公共団体（世田谷区等）の管理通路で幅員4メートル以上の道が確保され、道の延長が 35 メートル以下（通路が通抜けしているもの及び法第42条第1項第5号に準ずる転回広場等が設けられているものを除く）であり、この道に2メートル以上接する敷地で、次の各号に該当するもの
　一　建築物の用途及び規模は、延べ面積 200 平方メートル以内の一戸建ての住宅とすること
　二　隣地境界線から建築物の部分（外壁、出窓、バルコニー等）までの水平距離が有効で50センチメートル以上であること、地階部分（ﾄﾞﾗｲｴﾘｱ、地盤面より突出した部分を含む）については、有効で50センチメートル以上であること

基準3　位置指定道路の基準（建築基準法施行令第144条の4第1項各号に掲げる基準）に適合する道に2メートル以上接する敷地であり、次の各号に該当するもの
　一　敷地分割をする場合は、平成11年5月1日現在の敷地に対して4以下であること（ただし、平成11年5月1日現在において建築物の敷地として使用されたことのない土地については敷地分割を認めない）
　二　建築物の用途及び規模は、延べ面積 200 平方メートル以内の一戸建ての住宅とすること
　三　隣地境界線から建築物の部分（外壁、出窓、バルコニー等）までの水平距離が有効で50センチメートル以上であること、地階部分（ﾄﾞﾗｲｴﾘｱ、地盤面より突出した部分を含む）については、有効で50センチメートル以上であること
　四　申請者その他の関係者が当該道を将来にわたって通行することについて、次に掲げる者の承諾が得られたものであること（申請時に承諾書を添付すること）
　(1) 当該認定に係る道の敷地となる土地の所有者
　(2) 上記の土地に関して権利を有する者
　(3) 道を認定基準に適合するように管理する者

　施行日　：　この基準は、平成３０年９月２５日から施行する。

図表5-34　法43条2項2号の資料②

建築基準法４３条第２項第２号許可の取り扱いについて

　敷地と道路の関係は、建築基準法第42条に基づく道路に2m以上接することを原則として、建築基準法第43条第2項第2号は例外的に適用されるものである。

　世田谷区においては、手続きの簡素化を図るため、下記のとおり「建築基準法第43条第2項第2号に関する一括許可基準」を定め運用することとする。尚この基準に適合しないものについては個別に審査し運用する。

建築基準法４３条第２項第２号に関する一括許可基準

30世建調第２７５号
平成30年9月25日

　建築基準法（以下「法」という。）第４３条第２項第２号における許可の規定による取り扱いについては、当分の間、次の基準のいずれかに該当するものは一括審査するものとする。ただし、都市計画法第２９条に基づく許可を要するもの（開発行為）を除く。なお、ここでいう「道」とは、一般の通行のように供されている道路状空地（水路を除く）のことをいう。

基準1　敷地と道路の間に、次の一号から三号のいずれかに該当するものが存在し、幅員2メートル以上の通行上支障がない措置が講じられ、その部分のみに接している敷地及び四号の基準に適合する計画であること（注意：建築基準法４３条第２項第１号に関する認定基準1に該当するものを除く）
一　管理者の占用許可、承諾又は同意が得られた水路
二　地方公共団体が管理する認定外道路等の公有地
三　都市計画事業等により、道路に供するため事業者が取得した土地
四　隣地境界線から建築物の部分（外壁、出窓、バルコニー等）までの水平距離が有効で50センチメートル以上であること、地階部分（ドライエリア、地盤面より突出した部分を含む）については、有効で50センチメートル以上であること

基準2　道路に有効に接続する、地方公共団体（世田谷区等）の管理通路で幅員4メートル以上の道が確保され、道の延長が35メートル以下（通路が通抜けしているもの及び法第４２条第１項第５号に準ずる転回広場等が設けられているものを除く）であり、この道に2メートル以上接する敷地で、次の各号に該当するもの（注意：建築基準法４３条第２項第１号に関する認定基準2に該当するものを除く）
一　平成１１年５月１日以降の敷地分割がされていないこと
二　建築物の延べ面積は、200平方メートル以下であること
三　隣地境界線から建築物の部分（外壁、出窓、バルコニー等）までの水平距離が有効で50センチメートル以上であること、地階部分（ドライエリア、地盤面より突出した部分を含む）については、有効で50センチメートル以上であること

基準3　道路に有効に接続する幅員2.7メートル以上の道が確保され、道の延長（位置指定道路等からの延長の場合は位置指定道路等の長さを含む）が35メートル以下（通路が通抜けしているもの及び法第４２条第１項第５号に準ずる転回広場等の通路協定書のあるものを除く）であり、この道に2メートル以上接する敷地で、次の各号に該当するもの
一　平成１１年５月１日以降の敷地分割がされていないこと
二　道の中心から水平距離2メートルの線又は一方後退等による線（現況幅員が4メートル以上の道にあっては、現況幅員の位置）を道の境界線とし、道の部分に関して所有権、地上権又は借地権を有する者「全員」の承諾（通路協定書）が得られたものであること
三　建築物の基準は、法によるほか、次に定めるところによる
(1) 住宅（兼用住宅を含む）で、一戸建て又は二戸建て長屋であること
(2) 建築物の階数及び規模は、地上2階、地下1階までとし、延べ面積は200平方メートル以下であること
(3) 最高の高さは8メートル以下、軒の高さは7メートル以下であること
(4) 防火指定なしの地域に関しては、準防火地域に存する建築物と同等以上であること
(5) 隣地境界線から建築物の部分（外壁、出窓、バルコニー等）までの水平距離が有効で50センチメートル以上であること、地階部分（ドライエリア、地盤面より突出した部分を含む）については、有効で75センチメートル以上であること

図表 5 -35　法43条 2 項 2 号の資料③

基準 4　道路に、幅員 1.8 メートル以上 2 メートル未満で長さ 20 メートル以下の路地状で接続する敷
　　　　地で、次の各号に該当するもの
一　平成 1 1 年 5 月 1 日以降の敷地分割がされていないこと
二　建築物の基準は、法によるほか、次に定めるところによる
(1) 道路より建物の出入口まで有効幅員 1 . 8 m以上の通路を確保すること
(2) 一戸建ての住宅であること
(3) 建築物の階数及び規模は、地上 2 階（地階無し）までとし、延べ面積は 200 平方メートル以下で
　　あること
(4) 最高の高さは 8 メートル以下、軒の高さは 7 メートル以下であること
(5) 建蔽率、容積率の算定に用いる敷地面積は路地状部分を除外すること。
(6) 準耐火建築物または耐火建築物であること
(7) 隣地境界線から建築物の部分（外壁、出窓、バルコニー等）までの水平距離が有効で 1 メートル
　　以上であること

施行日　：　この基準は、平成 1 1 年 5 月 1 日から施行する。改定：平成 17 年 4 月 1 日
　　　　　　　　　　　　　　　　　　　　　　　　　　　改定：平成 30 年 6 月 18 日
　　　　　　　　　　　　　　　　　　　　　　　　　　　改定：平成 30 年 9 月 25 日

図表 5-36　法43条2項2号の資料④

建築基準法４３条第２項第１号認定及び同項第２号一括許可基準の運用方針

31 世建調第 124 号
令和元年 6 月 25 日

　法第 43 条第２項第１号の認定及び同項第２号の許可を適用するにあたり、次の要件を満たすものとする。

一　法第２８条及び、建築基準法施行令（以下「令」という。）第２０条第２項の規定においてはこの道を水面等とみなして適用する。（採光等）

二　法第５２条第２項の規定においては、この道の幅員を道路（水路を除く）の幅員とみなして適用する。（容積率＊4/10・6/10）

三　法第５６条第１項第一号の規定は、基準１から３において、この道（水路を除く）を前面道路とみなして適用する。
　法第５６条第２項から第４項（道路斜線緩和）の規定は、基準３において適用しない。
　法第５６条第７項（天空率）の規定は、基準２及び３において適用しない。

四　法第５８条の規定においては、この道を水面等（１／２）とみなして適用する。（高度斜線）

五　敷地面積の算定方法については、この道を道路とみなし、令第２条第１項第一号の規定を適用する。
　敷地面積の最低限度を下回る場合は法第５３条の２第１項第四号に基づく許可が必要。

六　基準３において、許可条件として「準耐火建築物」とすることを付す場合は、法第５３条第３項第１号（建蔽率緩和）の規定は適用しない。

七　基準３の道は、本基準施行日において現に存在する道で、相当の期間、建築物が建ち並び、一般の交通の用に供されているものを対象とする。

八　基準３における道の部分については、不動産登記簿上分筆し、地目を公衆用道路として登記すること。

一部改正：平成 19 年 8 月 31 日
一部改正：平成 25 年 5 月 21 日
一部改正：平成 30 年 9 月 25 日
一部改正：令和元年 6 月 25 日
施行：令和元年 6 月 25 日

世田谷区　都市整備政策部　建築調整課　許可・認定担当

10 水路介在

　図表5-37のように、前面道路と担保土地との間に水路がある場合をよく見かけますが、その水路が側溝なのか河川等なのかは大きな問題です。側溝であれば、その部分は前面道路に含まれることが多いので、対象土地から前面道路までの出入り部分を設置するのに河川占用許可の取得は不要です。

　ところが、河川や水路であれば、出入りのための通行路橋を設置するにしても、都市ガス管や水道管を通すにしても河川占用許可が必要になります。

図表5-37　水路介在とは

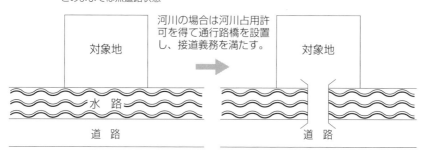

このままでは無道路状態

対象地

河川の場合は河川占用許可を得て通行路橋を設置し、接道義務を満たす。

対象地

水　路

道　路

道　路

　河川等か側溝かの区別は、各地方公共団体の担当窓口でよく調べる必要があります。通行路橋が存在する場合は、占用許可の取得の有無も確認しておく必要があります。

　調査の結果、側溝であれば接道義務に問題はありませんが、河川等の場合には、現況が通行路橋などの横断用の通路の設置がない場合には、それらの費用を考慮しなければなりません。通常これら通路の設置費用は占用者の負担となるからです。

　河川法では、河川に通行路橋などを設置する場合には、河川占用許可

の取得を義務づけています。接道義務は直接河川占用許可の有無とは関係ありませんが、幅 2 m 以上の通行路橋が設置されているかどうかにより判断されます（**写真 5 -17**）。

　したがって、前面道路と対象土地の間に通行路橋などが設置されていない場合は、無道路地ということになります。

　河川・水路の専用使用許可は、各市町村自治体だけでなく、管轄の水利組合の許可が必要になることがあります。このような場合、その水利組合の過去からの慣習により、当該自治体における不動産の所有者以外には専用使用許可が出ない可能性もあるので、十分な調査が必要となるでしょう。

写真 5 -17

この部分に幅員2.05mのコンクリート床板を設置している

▲水路介在の不動産

　図表 5 -38は、対象不動産と道路の間に水路が介在している事例です。本件は、水路占用許可にて建築基準法43条ただし書きの許可を得て建築されたケースです。幅員2.05mのコンクリート床板を設置しています。

図表 5 -38 建築計画概要書

建築計画概要書閲覧書き写し

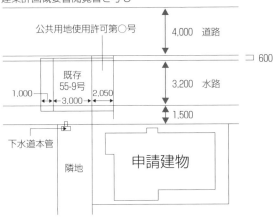

11 高圧線下地

「高圧線下地」とは、特別高圧架空電線路下にある土地をいいます。「特別高圧架空電線路」とは、電気設備に関する技術基準に定めるものをいい、特別高圧線の電圧が170,000V（ボルト）未満の場合には送電線の位置により建築できる建物の高さに制限が加えられています（**写真5 -18、図表5 -39**）。

　高圧線下地にあるかどうか、およびその規制内容は、電気事業者に聴取するか土地の登記記録を確認することになります。ただし、必ずしも地役権が設定されているとは限らず、また、電気事業者は第三者には教えてくれない場合もあるので、所有者に確認することが必要です。

　地役権設定登記がなされている場合は、「電線路の最下垂時における電線の高さから○○mを控除した高さを超える建造物等の築造もしくは立竹木の植栽禁止」といった規制内容が登記されています。

写真 5 -18

▲高圧線下地…工場内に高圧線の鉄塔が建っている。

　なお、高圧線の電圧が170,000V以上の場合は、建物の建築が禁止され
ます。住宅地の場合は居住の快適性への影響を検討し、商業地では高さ
が制限されることから、収益性（賃貸収入、商業収入等）への影響を検
討します（**図表 5 -40**）。

図表 5 -39　商業地のケース

何もなければ容積率いっぱいビルが建てられるが……

高圧線があると高さが制限される（賃料収入down↓）

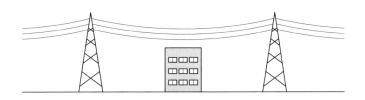

　電気設備に関する技術基準を定める省令（以下、電気設備基準という）は、電気事業法に基づき定められたもので、電気事業者が、電気設備に関して公共の安全を確保するために守るべきものとした基準です。

図表 5 -40　補正率表

分　　類		補正率
170,000 V 以上		0.50
170,000 V 未満 高圧線下地積の担保土地地積に占める割合	20%未満	0.90
	20%以上50%未満	0.75
	50%以上80%未満	0.60
	80%以上	0.50

出典：（財）日本不動産研究所編・改訂 8 版不動産評価ハンドブック・大成出版社の評価補正率を参考

図表5-41　隔離距離および水平隔離距離

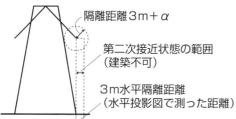

使用電圧17万V超の送電線

隔離距離3m+α

第二次接近状態の範囲
（建築不可）

3m水平隔離距離
（水平投影図で測った距離）

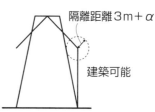

使用電圧17万V以下の送電線

隔離距離3m+α

建築可能

　したがって、土地所有者等に対して直接土地利用を制限しているものではなく、電気事業者の義務として送電線路等を施設する際に安全上または保安上の条件として、例えば特別高圧架空電線路を施設するときは、建造物や工作物等と一定の隔離距離を保つことを義務づけたものです。

　高圧線の使用電圧が170,000V以上では、建造物との水平隔離距離3m以内（第二次接近状態）に送電線を電気事業者が施設してはならないことになっており、結果的にその部分には建物を建てられないということになるわけです（**図表5-41**）。

　高圧線下地の土地登記簿の権利部乙区に設定される地役権の内容は、通常、**図表5-42**のようになっています。

図表5-42　高圧線下地の土地登記簿（権利部乙区）

地役権設定
令和○年○月○日受付
第○○○○○号
原因　　令和○年○月○日地役権設定契約
目的　　電線の支持物を除く電線路を施設することおよびその保守運営のための土地立入り、もしくは通行の容認ならびに当該電線路の最下垂時における電線の高さから○○mを控除した高さを超える建造物等の築造、もしくは立竹木の植栽禁止
範囲　　送電線路線下○側保安線より○側の土地○○㎡
要役地　○○市○○町○○○番地

12 セットバック

　対象不動産が、幅員4m未満（6m区域では6m未満）の道路に接し、当該道路が特定行政庁により、建築基準法42条2項に基づき道路としての指定を受けている場合には、幅員が4m（6m区域では6m）になるように道路の両サイドをセットバックしなければなりません。

図表5-43　セットバック

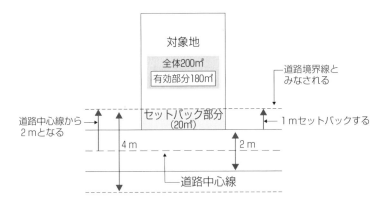

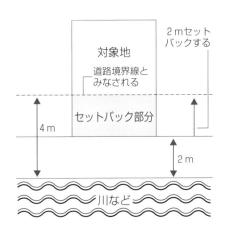

　図表5-43では、道路幅員は2mしかないため、道路中心線から両サイドに2m後退した線が道路境界線とみなされます。したがって、対象土地内に道路境界線が引かれるかたちとなり、この道路境界線と実際の界との間の部分、すなわち、図表の　　部分がセットバック部分です。

　このセットバック部分には、新しく建物や塀などは建てることはできず、また、現在ある建物はそのまま使えますが、滅失後は当該部分に建物を建てることはできません。

　なお、セットバックは、通常、道路中心線を基準に行われますが、図表5-43の下図のように川、線路敷地、崖などがある場合には、その道路の川などがある側から4m（6m）セットバックします。このセットバック部分は、建ぺい率・容積率の算定に使われる敷地面積には含まれません。

　セットバック部分の補正率は、利用状況等から多少の価値を認める考え方もありますが、建物の敷地として利用できてこそ担保価値を有すると考えられるので、当該利用に供することができないセットバック部分は、価値はないものと考えてよいでしょう。

　したがって、評価面積から控除してしまうか、セットバック面積の全体面積に対する割合を補正率として用いることになるでしょう。

　対象不動産が200㎡、セットバック部分の面積が20㎡の場合、180㎡を評価面積とするか、20㎡／200㎡＝▲10％を補正率として用いるか、ということです。

　写真5-19は、対象地の前面道路が42条2項道路で私道のケースです。公図（**図表5-44**）、建物図面（**図表5-45**）や**写真5-20**からも分かるように、きれいに後退しているように見えます。

図表 5 -44　セットバック物件の公図

写真 5 -19

▲セットバック①…42条 2 項道路の入口付近。左側が対象不動産。

写真 5 -20

▲セットバック②…一見きれいにセットバックしているように見える。

図表5-45　セットバック物件の建物図面

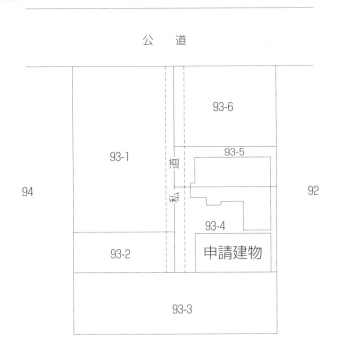

写真5-21

▲セットバック③…このようなセットバックを筆者は「なんちゃってセットバック」と呼んでいる。

しかし、車に隠れて見えなかったのですが、反対側から見ると**写真5
-21**のように植え込みが作られており、きちんと後退していないことが
分かります。植え込みに使っていようとセットバック部分ですので、建
ぺい率・容積率の算定対象面積とはなりません。

13 前面道路による容積率制限

前面道路の幅員による容積率の制限とは、対象地の前面道路（前面道
路が2以上ある場合は広い方）の幅員が12m未満である場合、対象地の
属する用途地域が住居系であれば、その接する前面道路の幅員に0.4を、
その他の地域であれば0.6を乗じた数値が、対象地の容積率制限の数値
となります（**図表5-46**）。

図表5-46　用途地域別の容積率制限

用途地域		幅員に乗ずる数値
住居系	第1種低層住居専用地域、第2種低層住居専用地域	0.4
	第1種中高層住居専用地域、第2種中高層住居専用地域、第1種住居地域、第2種住居地域、準住居地域	0.4 （特定行政庁が都道府県都市計画審議会の議を経て指定する区域内の建築物は0.6）
その他	近隣商業地域、商業地域、準工業地域、工業地域、工業専用地域、用途地域の指定がない区域	0.6 （特定行政庁が都道府県都市計画審議会の議を経て指定する区域内の建築物は0.4または0.8（数値は特定行政庁が都道府県都市計画審議会の議を経て定める））

※高層住宅誘導地区内の3分の2以上が住居用途の建築物は0.6

　ただし、容積率の上限は法定容積率の数値であり（法定容積率を超えることはない）、また、特定行政庁が都道府県都市計画審議会の議を経て指定する区域内の建築物については除外されます。

　対象地は第1種中高層住居専用地域とすると、当該地域の法定容積率は200%、前面道路の幅員は4mのため、対象地の容積率は、4m×0.4×100＝160%となります（**図表5-47**）。このような実際に適用される容積率のことを実務では「基準容積率」といいます。それに対し、法定容積率のことを「指定容積率」といいます（**図表5-48**）。

　したがって本件の場合、指定容積率は200%、基準容積率は160%ということになります。なお、前面道路が42条2項道路で幅員が4m未満の場合は、4mあるものとして計算します。

　一般的に、ある程度敷地面積がある戸建住宅地域では容積率を制限いっぱい使用している場合は少ないため、指定容積率より基準容積率が小さい場合でもデメリットになることは少ないですが、小規模の住宅地や幅員の狭い商業地、マンション用地などにおいては基準容積率が低いことによるデメリットが生じることがあります。

図表5-47　前面道路による容積率制限①（第1種中高層住居専用地域）

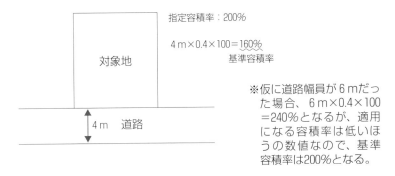

指定容積率：400%

4 m×0.6×100＝240%
このように、基準容積率は240%となり、
幅員が狭いとデメリットが大きい。

道路幅員	前面道路による容積率	指定容積率	基準容積率
8 m	480%	400%	400%
7 m	420%	400%	400%
6 m	360%	400%	360%
5 m	300%	400%	300%
4 m	240%	400%	240%

14 容積率が異なる地域にまたがっている場合

　図表5-49では、対象地が第1種中高層住居専用地域（指定容積率200％）と第2種低層住居専用地域（指定容積率100％）にまたがっており、地積200㎡のうち、第1種中高層住居専用地域が120㎡、第2種低層住居専用地域が80㎡です。

　この場合の容積率は各々を加重平均して求めます。

$$\frac{120㎡ \times 160\% + 80㎡ \times 100\%}{200㎡} \times 100 = 136\%$$

　なお、このケースでも容積率は前面道路の幅員による制限を受けます。また、このように異なる用途地域またがる場合は、対象地は過半の用途地域の規制を受けますので、本件の場合は、第1種中高層住居専用地域の規制を受けます。

図表 5 -49　容積率が異なる地域にまたがっているとは

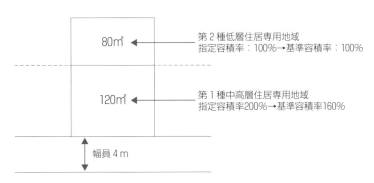

15 建ぺい率制限の緩和

　建ぺい率は建築物の建築面積の敷地面積に対する割合をいいます。建築面積とは、建築物の外壁またはこれに代わる柱の中心線で囲まれた部分の水平投影面積をいいますが、これは次のように算出します（平面図の網掛部分が建築面積としてカウントされます）。

①通常の場合

　図表 5 -50①のように 1 階の位置を基準にして上階が積み重なっている場合には、 1 階の床面積が建築面積になります。

②上階が 1 階の位置と異なる場合

　②のように、上階が 1 階の位置と異なる場合には、建物を真上から見た場合の面積（水平投影面積）が建築面積になります。

③地階を有する場合

　地階のうち、地下の深さが 1 m以上あり、かつ、地上に出ている部分（地盤面上）が 1 m以下にある部分は建築面積に算入されません。よって、③の地階部分は地盤面上0.8mにある部分ですので、建築面積には算入

されません。

④軒、ひさし、はね出し縁等がある場合

　④のように、これらが外壁またはこれに代わる柱の中心線から水平距離1m以上突き出ている場合には、その端から1m後退した線で囲まれた水平投影面積が建築面積になります。

　なお、建ぺい率制限の緩和は**図表5-51**のような内容となっています。

　建ぺい率制限が適用されないケース（敷地全体に建物が建てられる）は**図表5-52**のような内容です。

　建ぺい率は、容積率とともに建築可能な建物のボリュームを規制しますので、両者を常に一体で把握する必要があります。特に敷地が狭小な住宅地や商業地あるいはマンション用地では、それらの制限内容が対象地の価値に大きく影響を与えますので注意が必要です。

図表5-50　建ぺい制限の緩和

①通常の場合

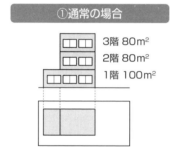

②上階が1階の位置と異なる場合

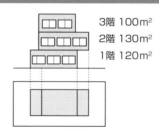

③地階を有する場合

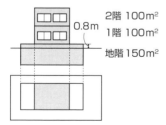

④軒、ひさし、はね出し縁等がある場合

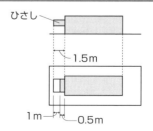

図表5-51　建ぺい率制限が緩和されるケース

条　件	緩和分
建ぺい率が80%とされている地域外で、かつ、防火地域内にある耐火建築物	+10%
街区の角にある敷地またはこれに準ずる敷地で、特定行政庁が指定するものの内にある建築物	+10%
上記のいずれも満たす場合	+20%

図表5-52　建ぺい率制限が適用されないケース

建ぺい率が80%の地域内で、かつ、防火地域にある耐火建築物
巡査派出所、公衆便所、公共用歩廊その他これらに類するもの
公園、広場、道路、川、その他これらに類するものの内にある建築物で、特定行政庁が安全上、防火上および衛生上支障がないと認めて許可したもの

16 都市計画道路予定地

　対象地が都市計画道路予定地（計画決定段階）の場合、通常は2階建て以下の木造・鉄骨造等の建物しか建築できません。また、対象地内における都市計画道路予定地の位置によって、建物の形状の制約も受けることになります。

都市計画道路予定地の場合、いずれは道路用地として時価で買収されることから、宅地としての通常の用途に供する場合に利用の制限があるとしても、買収までの期間が短期間であれば、対象地の価格に与える影響は小さいと考えられます。

　しかし、一般的には、道路用地として買収されるまでの期間は相当長期間であることから、その土地の利用用途（商業地、住宅地等）、高度利用度および地積の関係によって土地価格に影響を及ぼすことになります。

　すなわち、都心の商業地など建物が高層化されており立体的利用が進んでいる地域ほど、都市計画事業による土地の立体的利用に係る効用が阻害される程度は大きくなり、また、対象地に占める道路予定地の面積の割合が大きくなるほど、土地価格に及ぼす影響は大きくなります。

　図表5-53は、都市計画道路が計画決定されている場合の重要事項説明書です。添付図でも分かりますが、敷地の大部分が都市計画道路にかかっています。計画決定段階のため3階建マンションが建てられない旨の記載があります。

　この事例では調査上のポイントとして、以下の点をあげています。
①役所の窓口で詳細に確認する

　物件の所在する市区町村の都市計画課等で調査する。さらに都市計画は縮尺図となっており詳細に読み取れない場合があるので、そのときは実測図等を持参し詳細に調査する必要がある。

図表5-53 重要事項説明書（記載例）

	区域の別	制限の概要
都市計画法	市街化区域	（1）本件土地面積240㎡のうち約190㎡部分については、都市計画道路（※）が計画決定されており、当該部分について建築物を建築しようとする場合、都市計画法第53条および第54条に基づき都道府県知事の許可が必要となります（別添図面斜線部分）。 ※都市計画道路補助線第○○号（都市計画決定昭和○○年△月□□日）。
	市街化調整区域 非線引区域 準都市計画区域 その他	次のいずれにも該当し、かつ、容易に移転し、または、除却できるものであれば、知事は必ず許可しなければならないことになっています。 　①階数が2以下で、かつ、地階を有しないもの 　②主要構造部が木造、鉄骨造、コンクリートブロック造 　　その他これらに類する構造であること 　したがって、本件土地の対象部分においては、3階建マンションは建てられません。 （2）都市計画法第53条および第54条に基づき許可を受けた場合でも、将来この計画予定地が買収された場合は、建物の規模の縮小や取り壊しを余儀なくされます。 （3）施行予定者および事業決定の時期は未定です。

《添付図》　　　　　　　　・敷地面積　240㎡　　　・容積率　200%
　　　　　　　　　　　　　・用途地域　住居地域　　・建ぺい率　60%

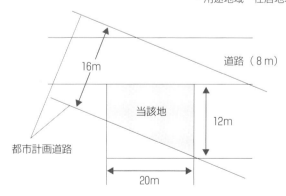

都市計画道路に含まれる部分の面積…約190㎡（　　部分）

②計画道路の名称、予定幅員および対象地にかかる範囲、計画決定時期等を確認する

・計画道路の範囲の確認（実測図または住宅地図持参による）

・計画決定または事業決定の時期はいつなのか（時期により建築制限が異なるため）

・施行予定者が定められているのかいないのか

③地域によっては法律のほかに条例による制限がある場合もあるので注意する

　また、各自治体のウェブサイトでは、優先整備路線に関する情報も掲載されていますので、都市計画道路にかかっている場合は、チェックすることをお勧めします（**図表5-54**）。

図表5-54　第四次事業化計画における優先整備路線　区施行

NO.	路線名	区間	所在区	延長(m)	主な選定理由
区-1	補助7号線	補助10〜環状4	港	260	防災・安全
区-2	補助14号線	高輪三丁目(高輪警察署前交差点)〜環状4	港	340	防災・まち
区-3	補助14号線	環状4〜高輪四丁目(柘榴坂上)	港	310	防災・まち
区-4	補助23号線	補助5〜放射4	港	490	安全・まち
区-5	補助58号線	環状3〜南元町	新宿	610	防災・安全
区-6	補助220号線	妙正寺川付近	新宿	70	安全・まち
区-7	新宿駅付近街路10号線	放射5〜環状5の1支線1	新宿	160	拠点・まち
区-8	補助114号線	放射13支線1〜墨田区画街路5	墨田	110	拠点・まち
区-9	墨田区画街路6号線	補助326〜墨田区画街路7	墨田	110	拠点・まち
区-10	墨田区画街路7号線	墨田区画街路6〜放射13支線1	墨田	160	拠点・まち
区-11	墨田区画街路10号線	放射32〜放射13支線1	墨田	330	拠点・まち
区-12	墨田区画街路11号線	墨田区画街路10〜墨田区歩行者専用道1	墨田	190	拠点・まち
区-13	墨田区歩行者専用道1号線	墨田区画街路11〜墨田区画街路5	墨田	20	拠点・まち
区-14	補助199号線	補助200付近(浜園橋付近)	江東	90	防災・まち
区-15	補助199号線	環状3支線2付近(蛤橋付近)	江東	90	防災・まち
区-16	補助162号線	補助149〜補助161付近	品川	840	交通・まち
区-17	補助163号線	西品川一丁目〜補助26付近	品川	630	拠点・まち
区-18	補助205号線	品川区画街路3付近〜補助29	品川	310	交通・防災
区-19	補助127号線	自由が丘駅〜放射3	目黒	790	拠点・まち
区-20	補助34号線	放射17〜放射19	大田	410	防災・安全
区-21	補助34号線	放射19〜補助27	大田	560	交通・まち
区-22	補助43号線	補助44付近〜仲池上二丁目	大田	560	防災・まち
区-23	補助44号線	環状7〜上池台五丁目	大田	530	防災・安全

図表 5 -55　都市計画道路のイメージ

　図表 5 -55 は都心の商業地域において計画道路の拡幅が予定されている道路のイメージ図です。計画道路の指定を受けていない部分は高層化されるため、このような街並みになります。

17 市街化調整区域

（1）市街化調整区域の建築規制

　市街化調整区域は市街化を抑制すべき区域であり、その趣旨からすると、農林漁業用の建築物等一定の例外を除き、原則として建築物の新築、開発行為は禁止されています。

　市街化調整区域内の既存宅地制度は平成13年5月18日に廃止され、経過措置期間も平成18年5月18日に終了しました。よって、市街化調整区域では原則的に建物の建築はできませんが、既存建物が存する等、一定の要件を満たせば新築・建替え等が可能であり、市街化区域には劣りますが、一定の市場性があるといえます。

　一般的には、合法的に建築された既存建物が存すれば、同用途・同規模であれば建替え可能な場合が多いようです。ちなみに大阪府では、既存建物が適法に建築されており、かつ、農家住宅、分家住宅等の属人性にかかる要件に抵触しなければ、同一用途・同規模（1.5倍まで可能）での建替えが可能です。

　ただし、地方自治体によって規制の内容が異なるので、詳細な調査が必要です。特に、建築時の経緯には十分注意する必要があります。

　既存建物がない場合は、さらによく調べる必要があります。地目が宅地だと建築できる場合もありますが、地目が宅地以外であれば、建物の敷地としての用途はほぼ困難でしょう。

（2）市街化調整区域内の評価

　従来、市街化調整区域内では、一定規模以上の大型の住宅分譲地を開発することができました。しかし、平成19年施行の改正都市計画法により大規模開発の基準が廃止され、現在では地区計画に沿った形での開発許可要件へと改正されました。

図表 5 -56　市街化調整区域内に開発された分譲住宅地のイメージ

　従来の許可基準は、人口増加等により、必要な市街地面積が将来増大することを前提としていましたが、人口減少社会を迎え、増大する人口を受け止めるための大規模開発の必要性が低下したためです。よって、計画的な市街化を図るうえで支障がないと認められるものを地域で判断する、ということになりました。

　旧都市計画法により市街化調整区域内に開発された大規模な分譲住宅地域は全国に存在しており、各々がそれ自体で一つの街を形成している状態になっています（**図表 5 -56**）。

一方で、開発されてから数十年経過している地域も珍しくなく、地域住民の高齢化等の問題も出てきていますが、底堅い需要のある地域も存在します。

　このような地域には、多くの場合相続税路線価の敷設があり、取引もある程度ありますから、価格水準の把握は比較的容易だと考えられます。

　市街化調整区域内に限りませんが、数十年前に開発された分譲住宅地には、画地規模が比較的大きいもの（300㎡・100坪程度）が多く見られます。そのような土地が売りに出ると、いったん業者が買い取り、半分程度の画地に分割されてエンドユーザーに売却されるという事例が近年多く見られます。

　例えば、300㎡の土地を150㎡2画地に分割して売る場合、300㎡だと土地代だけで5,000万円するところが、150㎡に分割することにより1画地2,500万円程度にできます。建物込みで考えた場合、300㎡だと総額で7,000万円以上の高額物件になるため購買層は限られますが、150㎡にすれば総額で4,000万円台から可能となるため、購買層はグッと拡がるわけです。

　このように、分割されて取引された土地の単価は、分割前の土地単価より1割程度高いことがよくあります。地積300㎡の場合の土地単価が16万円の場合、地積150㎡になると土地単価18万円程度になるといった具合です。すなわち、地積規模により単価が異なるということです。

　地価公示や相続税路線価に対し取引価格が高いケースは、このように土地面積との関係により高くなっているケースもあるので、地域の標準的な面積と対象地や取引事例地の面積との比較検討も必要な作業といえます。

18 市街化調整区域内の分家住宅

　分家住宅とは、農家の二男三男が分家する場合の住宅をいい、分家した者のみが当該地を居宅として利用できます。したがって、第三者がこの分家住宅を購入しても、これを当該第三者の居宅として利用することはできません。

　しかし、分家した者に、倒産、破産、その他やむを得ない事情がある場合には、申請により開発審査会の承認を得ることによって、他への用途変更が認められます。例えば、一般住宅への用途変更により、購入した第三者の居宅として使用できることになります。

　また、地域によっては、分家住宅が適法な状態で一定期間（5年や10年など）以上経過していれば、専用住宅への切り替えが可能となる場合もありますので、役所での調査が重要となります。

　分家住宅は第三者の利用が可能かどうか、その物件の個別的な状況に左右されますので、担保評価としては、保守的見地からゼロ評価としておくことが無難ではないかと思われます。

＜市街化調整区域内の建築＞

　市街化調整区域内における建築の可否は、許可不要のケースから、開発許可、建築許可等様々なパターンがあり、調査の難易度がやや高いといえます。

　筆者の勤務先においても市街化調整区域内の建築可否の調査を行っており、参考に一部抜粋して掲載します（**図表5-57**）。

図表5-57　市街化調整区域内の建築の可否

市街化調整区域内の建物の建築の可否については、以下のように確認します。
（「法」とは都市計画法、「施行令」とは都市計画法施行令を意味します）

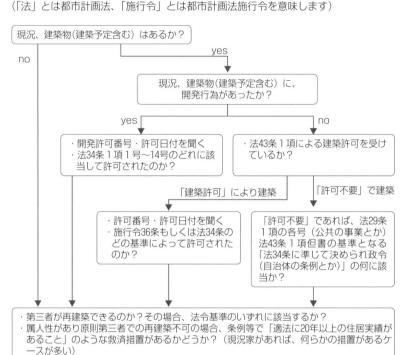

市街化調整区域内の建築について都市計画法の各条文の内容は、以下のようになっています。

法34条…開発許可の基準を列挙している

法42条…開発許可を受けた後の用途変更の際は、「建築許可」が必要と説明

法43条…開発許可を受けていない土地は建築許可が必要で、更にただし書きにて「許可不要」の説明

施行令36条…法43条1項の「建築許可」の基準

施行令60条…「適合証明」についての説明

1．開発許可
　　①開発許可の許可基準
　　　・技術的基準…法33条（全国で適用される）
　　　・立地基準…法34条（調整区域のみ適用させる）
　　②法34条の立地基準（開発許可が下りる基準）のうち重要なもの
　　　・34条1号（1号店舗）

・34条10号（地区計画等に定められた区域）
・34条11号（条例等で定めた50戸連たん）
・34条12号（条例等で定めた市街化区域では不適当な開発行為…既存集落等の自己用住宅のケースあり）
・第34条14号（開発審査会の議を経て知事が認める開発行為）
　※これらに該当するかどうかの判断は、知事または市長がするが、自治体によって基準を作っています。
　　（例えば「調整区域に係る開発基準」「開発審査会運用基準」「開発許可に係る審査基準」のような名称）
　※昔の都市計画法にはあったが、今は無いものとして以下のようなものがあります。
・旧都市計画法34条8号3…自治体による区域指定（今の法律なら34条11号）
・旧都市計画法34条10号イ…大規模開発（今の法律なら34条10号）
・旧都市計画法34条10号ロ…開発審査会が認めたもの（今の法律なら34条14号）
　あるいは、自治体が認めた開発行為（既存集落等、今の法律なら34条12号）

2．建築許可
　市街化区域などは特に市街化を抑制する区域ではないので、開発許可制度で十分であり、建築物の建築までの規制をかける必要はありません。それに対して、市街化調整区域は市街化を抑制すべき区域であるので、土地の区画形質の変更（開発行為）を行わないからと言って、次々に家を建てられては市街化調整区域の主旨にそぐわないことになります。そこで、建築許可のルールによって市街化調整区域での「開発行為無しでの建築」を制限しているというわけです。
　この建築許可では、法34条の1～14号のどれに該当し、自治体の何という条例・基準に該当するかを確認することが重要です。

3．許可不要の場合
　・法29条の適用除外
　・法43条1号○号「法43条1項ただし書の各号」によるもの
　　※例えば
　　　「43-1-4」…「政令で定める開発行為」が行われた土地の区域において行う建築物の新築、改築、用途の変更。
　　　　　　　　（地区計画とか区画整理という「政令による開発行為」が行われた場合とか）
　・法34条○号の基準に準じて自治体が作る○○条例や○○基準
　　※例えば、
　・旧住造法（住宅地造成事業に関する法律）で開発されたケース
　・旧既存宅地（旧都市計画法43条1項6号）
　　等は再建築にあたり、これらに該当するとして扱われるケースがあります。

Ⅱ．市街化調整区域の調査のポイント
　①添付資料又は取得した謄本より、対象地の地目を確認する。
　②地目が宅地に変更された日付を確認する。また、変更された経緯を把握する。
　③市役所に連絡して、市街化調整区域になった線引きの日付を聞く。
　④線引きの日付が地目（宅地）の日付より、以前なのか以後なのかを確認する。

【宅地になった事が不明な場合もしくは記載されていない場合】
⑤法務局へ赴き、コンピュータ化に伴う閉鎖謄本もしくは移記前の閉鎖謄本を取得して、線引き前の地目が宅地なのかを確認する。宅地への変更日付が無い場合や取得した閉鎖謄本では不明の場合は、土地台帳（無料）を取得して、地目が宅地になった記載内容を確認する。

【調査対象の土地が分筆・合筆している場合】
⑥分筆前の元地番のコンピュータ化に伴う閉鎖謄本や合筆された別地番のコンピュータ化に伴う閉鎖謄本、又は移記前の閉鎖謄本を取得する。
⑦分筆前の地番が線引き前から地目が宅地であったかを確認する。
⑧合筆された地番が線引き前から地目が宅地だったのか確認する。不明であれば土地台帳（無料）を取得して、地目が宅地になった記載内容を確認する。

　以上の調査により、線引き前からの地目が宅地であることが確認できた場合は、第三者でも再建築できる蓋然性が高いので、既存建物の建替えや許可不要の建築確認のみで再建築できる可能性が高いことになります。
　一方、線引前からの地目が宅地であることを確認出来なかった場合は、属人性などにより、建築制限や開発許可が必要になる可能性が高くなります。

過去の事例

～再建築可能なケース～
事例Ａ－①
建築根拠：線引き前からの宅地、線引き前の建物で、許可不要にて建築確認のみで建築された。
第三者による建替え：属人性は無く、同一用途、規模（1.5倍迄）であれば、許可不要にて建築確認のみで可能。

事例Ａ－②
建築根拠：旧都市計画法第43条第1項6号ロによる既存宅地の確認（H10.1.1・第10-251号、敷地面積430㎡、地番：1番1、申請・許可者：三友太郎）を受け、許可不要にて建築確認のみで建築された。
第三者による建替え：既存宅地の確認を受けており、60条適合証明を受け、同一用途・規模であれば建築確認のみで可能。

【60条適合証明】
　60条適合証明とは、これから建築物を建築しようとする計画が、都市計画法の規定に適合していることを証する書面です。建築確認を申請しようとする者は、建築基準施行規則第1条の3の規定により、都市計画法施行規則第60条の規定による都市計画法第29条、第35条の2、第37条及び第41条から第43条までの規定に適合していることを証する書面を必要とする場合は、建築確認申請書に60条適合証明書を添付しなければなりません。

事例Ａ－③
建築根拠：都市計画法第34条11号及び都市計画法に基づく開発許可等の基準に関する
　　　　　条例第○条○号により建築許可を受けて建築された。
第三者による建替え：同じように都市計画法第34条11号及び都市計画法に基づく開発
　　　　　　　　　　許可等の基準に関する条例第○条○号により、建築許可にて可
　　　　　　　　　　能。

~-原則再建築不可なケース~-
事例Ｂ－①
建築根拠：都市計画法34条14号及び施行令第36条第１項第３号ホによる開発審査会基
　　　　　準○号（分家住宅）にて建築許可を受けて建築された。
第三者による建替え　：同基準では属人性があり、第三者での再建築不可。
やむを得ない用途変更：都市計画法34条14号及び開発審査会基準○号に該当する場合。

事例Ｂ－②
建築根拠：都市計画法第34条12号及び都市計画法に基づく開発許可等の基準に関する
　　　　　条例第○条○号により建築許可を受けて建築された。
第三者による建替え：上記条例では属人性があり、同許可での第三者の再建築は原則
　　　　　　　　　　不可。
　　　　　　　　　　　但し、線引き前からの宅地・建物であり、都市計画法第42条
　　　　　　　　　　の用途変更及び開発審査会基準○にて、用途変更が可能であれ
　　　　　　　　　　ば第三者でも再建築は可能となる。
やむを得ない用途変更：都市計画法34条14号及び開発審査会基準○号に該当する場合。

事例Ｂ－③
建築根拠：都市計画法第29条第１項２号により、農家住宅として許可不要で建築され
　　　　　てる。
第三者による建替え　：属人性があり、第三者の再建築は不可となる。
やむを得ない用途変更：都市計画法34条14号及び開発審査会基準○号に該当する場合。

19 災害危険区域

　災害危険区域とは、急傾斜地の崩壊や津波、高潮、出水等による危険
の著しい区域のことをいい、建築基準法39条に基づき地方公共団体が指
定します。災害危険区域内では地方公共団体の条例で、居住の用に供す
る建築物の建築等が制限されます。東日本大震災による津波の被害を受

けて、新たにこの区域を指定した自治体も数多くあります。

　急傾斜地崩壊危険区域とは、「急傾斜地の崩壊による災害の防止に関する法律」に基づくもので、傾斜度が30度以上ある土地の崩壊により発生する災害から人命を守るために都道府県知事が指定します。

　急傾斜地崩壊危険区域では、工作物や建築物の設置が禁止され、また、切土、掘削、盛土等も禁止されます。急傾斜地崩壊危険区域として指定されている区域は災害危険区域としても指定されている地域が多いため（横浜市など）、地方自治体の関連部署でよく確認することが必要です。

　建物の建築許可が得られやすい地域であれば、特に減価の必要はないかもしれませんが、建物の建築許可の取得が難しい場合（事実上建築は困難）は、担保評価上はゼロ評価とせざるを得ません。

＜参考例・気仙沼市災害危険区域＞

気仙沼市災害危険区域に関する条例より抜粋

　第1条　この条例は建築基準法第39条の規定に基づき、災害危険区域の指定および災害危険区域内における建築物の建築の制限に関し必要な事項を定めるものとする。

　第2条（略）

　第3条　災害危険区域内においては、次に掲げる用途の建築物を建築してはならない。ただし、市長が災害防止上支障がないと認めるものについては、この限りでない。

（1）住宅、共同住宅、長屋、寄宿舎、下宿および寮

（2）建築基準法施行令第19条第1項に規定する児童福祉施設等

（3）旅館業法第2条第1項に規定する旅館業の営業に供する施設

（4）医療法第1条の5第1項の病院および同条第2項の診療所のうち患者を入院させる施設を有するもの

（5）宿泊設備を有する研修施設

参考として気仙沼市等の例を掲載しておきます（**図表5-58〜61**）。

図表 5 -58　災害危険区域と急傾斜地崩壊危険区域

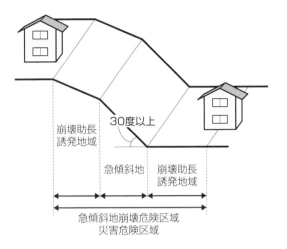

図表 5 -59　急傾斜地崩壊対策事業（気仙沼市HPより）

■　急傾斜地崩壊危険区域の指定要項

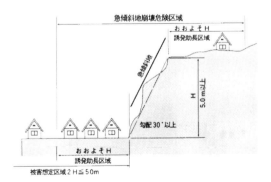

図表5-60　土砂災害ハザードマップ（気仙沼市HPより）

気仙沼市　太田・入沢・魚町地区　土砂災害ハザードマップ

このハザードマップは、「土砂災害警戒区域等における土砂災害防止対策の推進に関する法律」に基づき、宮城県が実施した調査結果を基に気仙沼市が作成したものです。

土砂災害警戒区域（黄色）
住民等の生命又は身体に危害が生じるおそれのある区域です。

土砂災害特別警戒区域（赤色）
建築物に損壊が生じ、住民等の生命又は身体に著しい危害が生じるおそれがある区域です。

■ 大雨により土砂災害が発生するおそれがある場合は、警戒区域外に出ることを優先し、速やかに避難してください。

■ 避難経路の冠水や路面損壊等も想定されますので、早期の避難開始と避難中の安全確保を心掛けてください。

■ 警戒区域に指定されていない場所でも、土砂災害が発生する可能性がありますので、大雨の際は十分に注意してください。

項目	記号
土砂災害警戒区域	
土砂災害特別警戒区域	
避難場所	
主要な避難経路	
要配慮者施設	

問い合わせ先
気仙沼市役所（代表）
　電話：0226-22-6600
気仙沼市危機管理課（直通）
　電話：0226-22-3402
気仙沼土木事務所
　電話：0226-24-2505
気仙沼・本吉広域消防本部
　電話：0226-22-6688

©2013 NTT空間情報

※東日本大震災以前の地図情報を使用しています。

図表5-61　災害危険区域の区域指定図（気仙沼市HPより）

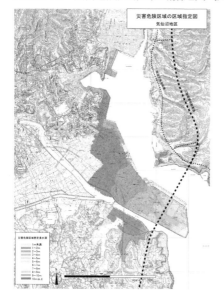

災害危険区域の区域指定図
気仙沼地区

20　土壌汚染

（1）土壌汚染対策法

　農地は、従来から「農用地の土壌の汚染防止等に関する法律」によって土壌汚染の防止がなされてきましたが、市街地については土壌汚染に関する法律はありませんでした。

　そこで、平成15年2月15日に「土壌汚染対策法」が施行され、不動産取引においては、土壌汚染の調査、浄化などが商習慣として一般化してきています。担保評価を含む不動産評価においても、土壌汚染は重要なテーマであり、土壌汚染に関する調査は必要不可欠となっています（**図表5-62**）。

図表5-62　土壌汚染対策法とは

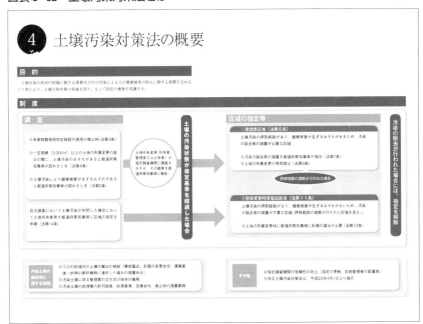

出典：環境省・（公財）日本環境協会ＨＰより

対象地が工場跡地の場合、従前の工場の種類にもよりますが、土壌汚染が存在する場合があります。このような土壌汚染の存在の可能性がある土地の場合、土壌汚染調査を行ったうえで取引されることが慣例となっています。

　土壌汚染調査には、専門機関が行う調査として概況調査とボーリングや機械器具等を使った詳細調査があります。また、鑑定評価においては、不動産鑑定士が行う独自調査があります。担保評価においては、現地調査担当者が独自調査を実施し、土壌汚染の可能性が認められた場合に概況調査等を外部の専門機関に依頼するケースが多いようです。

　図表5-**63**は、特定有害物質使用可能性のある工場と生産品目の一覧表です。参考までに掲載しておきます。

図表5-63　特定有害物質使用可能性のある工場および生産品目一覧表

工場の種類	検出された汚染物質
化学工場	カドミウム、砒素、鉛、水銀、セレン、トリクロロエチレン、テトラクロロエチレン、ダイオキシン類等
薬品工場	全シアン、水銀、ベンゼン、鉛、砒素、トリクロロエチレン、テトラクロロエチレン
病院・医療研究施設	水銀、砒素、鉛、全シアン、ホウ素
ガス製造工場	砒素、ベンゼン、全シアン、鉛、カドミウム、水銀
電気機械製造工場	トリクロロエチレン、テトラクロロエチレン、砒素、鉛、水銀、全シアン
電子機器製造工場	トリクロロエチレン、ダイオキシン類
金属製品製造加工工場	トリクロロエチレン、六価クロム、セレン、鉛、砒素
メッキ工場	六価クロム、全シアン
自動車工場	トリクロロエチレン
造船工場	砒素、ダイオキシン類
クリーニング工場	テトラクロロエチレン
繊維製品製造加工工場	トリクロロエチレン、テトラクロロエチレン、砒素、鉛、水銀
光学製品製造工場	トリクロロエチレン、テトラクロロエチレン
写真現像処理工場	全シアン

生産品目	有害物質	健康への影響
電子工業、電池、染料、インキ、塗料	カドミウム	急性胃腸炎、呼吸困難、発癌性
医薬、農薬、触媒、蛍光塗料、有機合成、電気メッキ	全シアン（青酸、青酸カリ等）	猛毒（呼吸停止）、昏睡、嘔吐、めまい、不整脈
合金、ハンダ、防錆ペイント、殺虫剤	鉛	骨組織に沈着、発癌性
メッキ、酸化剤、皮なめし、染色	六価クロム	皮膚炎、鼻中隔穿孔、発癌性
半導体製造、殺虫剤、農薬、脱硫剤	砒素	肝硬変、腎障害、皮膚炎、発癌性
電気機器、医薬、農薬、触媒、顔料	総水銀	肺水種、中枢神経障害、脳障害、発癌性
変圧器、複写機、インキ溶剤、熱触媒	PCB	肝臓障害(死亡)、吐き気、腹痛、発癌性
金属機械脱脂洗浄剤、溶剤、塗料	トリクロロエチレン	めまい、頭痛、意識喪失、肝臓障害、発癌性
ドライクリーニング溶剤、石鹸溶剤	テトラクロロエチレン	麻酔症状、頭痛、歩行障害、発癌性
染料、合成ゴム、医薬品、防虫剤洗浄剤	ベンゼン	麻酔症状、頭痛、呼吸困難、白血病発癌性
フロンガス原料、消火剤、脱脂洗浄剤	四塩化炭素	中枢神経障害、急性呼吸障害、発癌性
乾式複写機感光剤、電子製品、着色	セレン	結膜炎、皮膚熱傷、嗅覚欠如、発癌性
脱酸素剤、ホウロウ、ガラス、顔料	ほう素	嘔吐、下痢、無力症、一定量以上で致死
防腐剤、メッキ、化学ガラス、歯科用セメント	ふっ素	目障害、肺水腫、皮膚凍傷

出典：（社）土壌環境センター「土壌環境保全対策の制度の在り方について」

（2）独自調査

独自調査には以下のようなものがあります。

①諸官公署窓口での調査

　・土壌汚染対策法による要措置区域、形質変更時要届出区域の指定状況および指定区域等の履歴情報

　・有害物質使用特定施設の履歴情報（現在も含む）

　そのほかに、下水道法、水質汚濁防止法における特定施設の届出記録の有無、地方自治体条例等も調査します。

②現況利用（周囲・隣接地も含む）

調査時点で工場が存すれば、使用材料や放置物、臭気等で可能性の判定ができますが、跡地の場合は判定がなかなか難しいものです。埋立跡や野積みドラム缶などは汚染が疑われますので、隣接地も含め調査することが必要です。

③登記情報（閉鎖謄本も含む）・過去住宅地図での地歴調査

建物登記簿の種類が工場の場合、あるいは閉鎖建物登記簿における建物の種類が工場である場合は、汚染の可能性が排除できません。また、過去住宅地図で以前の利用状況が判明し、汚染の可能性を判断できる場合もあります。

④商業登記記録の調査

建物の種類が工場の場合、建物所有者である会社の商業登記簿を確認し、その事業目的によって有害物質を使用する事業かどうか判断できる場合があります。

⑤所有者等へのヒアリング

担保評価の場合は実施できない場合も多いと思いますが、過去の状況などが判明する場合もありますので、極力実施することをお勧めします。困難な場合は、地元の不動産業者などへのヒアリングも有効です。ただし、守秘義務に十分留意し、無用な風評の発生やトラブルを避ける工夫が必要です。

不動産の調査に際し、どの範囲にどの程度の土壌汚染が存在するのか分かっていればよいのですが、独自調査だけではそれらは分かりません。特に担保評価の場合は、評価の安全性を十分に考慮しなければならないので、土壌汚染の存する範囲や汚染の程度が分からない場合は、対象地全体を汚染の範囲とみなすことがよいでしょう。

⑥外部の専門業者による調査

なお、土壌汚染の可能性が排除できない場合は、外部の専門業者に汚染除去費用等の概況調査を依頼することをお勧めします。

21 埋蔵文化財包蔵地

（１）埋蔵文化財包蔵地とは

　埋蔵文化財包蔵地は、貝づか、古墳といった外観上明らかに埋蔵文化財であると判明している場合もありますが、住居跡などは地下に埋もれているものが多いのが現状です。

　埋蔵文化財は「文化財保護法」により一定の制限がかけられるなど、保護されています。

・第93条１項（土木工事等のための発掘に関する届出及び指示）

「土木工事その他埋蔵文化財の調査以外の目的で、貝づか、古墳その他埋蔵文化財を包蔵する土地として周知されている土地（以下「周知の埋蔵文化財包蔵地」という）を発掘しようとする場合には、発掘に着手しようとする日の60日前までに文化庁長官に届け出なければならない。」

　対象不動産が周知の埋蔵文化財包蔵地に存する場合、建物等を建てる前に試掘調査、さらには発掘調査を命じられる場合があります。発掘に要する費用は、申請者（土地所有者等）が負担する場合が多いようです。

　また、発掘調査によって長期間にわたり土木工事の停止を余儀なくされたり、設計変更が必要になる場合もあるので、場合によっては、そのようなリスクも考慮する必要があります。

　役所調査では、周知の埋蔵文化財包蔵地に該当するか否か、試掘・発掘調査の履歴、埋蔵文化財の存否、試掘を行う場合の費用負担・日数などを調査します。

（２）埋蔵文化財包蔵地の評価

　担保評価の場合は、自己の所有地ではなく、あくまで他人（債務者）の土地であり、実際に試掘等を行うわけではないので、対象地が周知の埋蔵文化財包蔵地に存する場合は、▲１％〜▲３％程度の減価を行うこ

とが多いようです。

　埋蔵文化財関係資料（平成24年３月　文化庁文化財部記念物課）によると、開発事業に伴う緊急発掘調査において試掘確認調査の単価が約214千円／件に対し、本発掘調査が12,000千円／件（いずれも全国平均）となっており、発掘調査に進むと莫大なコストがかかるようです。

　よって、対象地が開発事業予定地等で、役所調査等の結果、発掘調査まで必要になる可能性が高い場合は、専門業者へのヒアリングも実施し、別途リスク判断を行うべきでしょう。

　図表５-64～67は、世田谷区における埋蔵文化財調査関連の資料です。自治体によって対応が異なりますので、必ず対象不動産の所在する自治体の担当部署で確認します。

図表５-64　埋蔵文化財保護調査の流れ

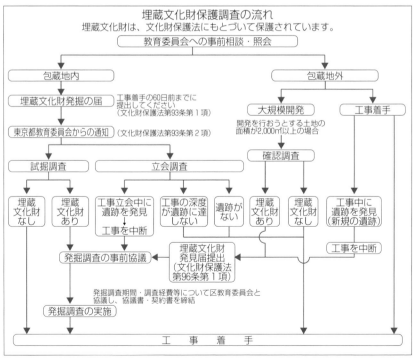

図表 5 -65　埋蔵文化財発掘の届出・通知について①

様式　2

第　　　　号
年　　月　　日

東京都教育委員会教育長　様

〒　　-
住　所

氏名等　　　　　　　　　㊞

埋蔵文化財発掘の〔届出・通知〕について

　周知の埋蔵文化財包蔵地において土木工事等のための発掘を実施したいので、文化財保護法（昭和25年法律第214号）〔第93条第１項・第94条第１項〕、同第184条第１項及び文化財保護法施行令（昭和50年政令第267号）第５条〔第１項・第２項〕の規定により、下記の事項について、関係書類を添付し、別記のとおり〔届出・通知〕します。

記

1　土木工事等をしようとする土地の所在及び地番
2　土木工事等をしようとする土地の面積
3　土木工事等をしようとする土地の所有者の氏名又は名称及び住所
4　土木工事等をしようとする土地に係る遺跡の種類、員数及び名称並びに現状
5　当該土木工事等の目的、計画及び方法の概要
6　当該土木工事等の主体となる者（当該土木工事等が請負契約等によりなされるときは、契約の両当事者）の氏名及び住所（法人その他の団体の場合は、その名称及び代表者の氏名並びに事務所の所在地）
7　当該土木工事等の施行担当責任者の氏名及び住所
8　当該土木工事等の着手の予定時期
9　当該土木工事等の終了の予定時期
10　その他参考となるべき事項
【添付書類】
　土木工事等をしようとする土地及びその付近の地図並びに当該土木工事等の概要を示す書類及び図面

図表5-66 埋蔵文化財発掘の届出・通知について②

別　記

法第93条第1項・法第94条第1項　　　　　　　　　（○で囲むこと）

1 所 在 地	
2 面　　　積	開発面積：　　　　㎡　建築面積：　　　　㎡
3 土地所有者	住　所： 氏名等：
4 遺跡の種類	散布地（包蔵地）　集落跡　貝塚　都城跡　官衙跡　城館跡 社寺跡　古墳横穴墓　その他の墓　生産遺跡　屋敷 その他の遺跡（　　　　　　　）
遺跡の名称	（遺跡番号　　　　　　）員数
遺跡の現状	宅地　水田　畑地　山林　道路　荒蕪地　原野 その他（　　　　　）
遺跡の時代	旧石器　縄文　弥生　古墳　奈良　平安　中世　近世 その他（　　　　　）
5 工事の目的	道路　鉄道　空港　河川　港湾　ダム　学校建設　集合住宅 個人住宅　分譲住宅　工場　店舗　個人住宅兼工場又は店舗 その他建物（　　　　　） 宅地造成　土地区画整理　公園造成　ゴルフ場　観光開発 ガス・水道・電気等　　　　農業基盤整備事業（農道等含む） その他農業関連事業　土砂採取　その他開発（　　　　　　）
6 工事主体者	住　所： 氏名等：
7 施工責任者	住　所： 氏名等：
8 着手予定時期	年　月　日 |9 終了予定時期|　年　月　日

10 参 考 事 項	

指 導 事 項	発掘調査　立会調査　慎重工事　試掘・確認調査 その他（　　　　　）

〔注意事項〕①太線内は届出者が記入。　②指導事項欄は都教育委員会で記入。
③遺跡の種類・現状・時代及び工事の目的欄は、該当項目を○で
囲み、該当項目のない場合は（　　　）内に記入。

図表 5 -67　埋蔵文化財受付書

埋蔵文化財受付書

太枠の中をご記入ください

受付日	令和　　年　　月　　日	受付番号	第　　　　　　　号

① 来 庁 者 連 絡 先	(住所)〒　　－ (会社名・担当者・電話) Ta.
② 該 当 地 (住居表示)	世田谷区　　　　　　　丁目　　番　－　　　　号
③ 基礎深度	GL　　　　　　　mm　着工予定日　平成　　年　　月　　日
④ 現　　状	更地・建物有り・駐車場・　　　　　　　　※更地予定日
⑤ 用　　途	個人住宅・賃貸住宅・分譲住宅・共同住宅・宅地造成・その他
⑥ 基礎構造	ベタ基礎・布基礎・杭基礎・その他 (　　　　　　　　　　　)
⑦ 予　　定 構造物等	地下・浄化槽・擁壁・地盤改良・その他 (　　　　　　　　)
⑧ 通　　知 送 付 先	届出者:工事主体者(施主)/土地所有者/施工責任者(工事施工業者)/ その他(委任状必要　　　　　　　　　　　　　) (住所)〒　　－ (氏名等・電話)　　　　　　　　Ta.　　－　　－

※ 添付書類:建設計画…現地案内図・建物配置図・基礎伏図・基礎断面図・地盤改良図面 各1部
　　　　　:開発計画…現地案内図・道路配置図・掘削断面図・配管等配置図面 各1部
　　　　　(図面はA4又はA3でご提出ください。ご協力お願いいたします。)

※ 注意事項
・届出者等は、原則として工事主体者(施主)、土地所有者、施工責任者(工事施工者)のいずれかです。
・届出者が土地所有者と異なる場合及び借地等により開発事業者が異なる場合は、「土地所有者の承諾書」が
　必要となります。
・調査について区学芸員から電話連絡をしますが、後日、東京都から正式な文書を送付します。東京都から
　の通知送付先は原則として工事主体者(施主)、土地所有者、施工責任者(工事施工者)ですが、それ以外の
　ところに送付を希望する場合は、届出者からの委任状を提出してください。

～～以 下 処 理 欄～～～～～～～～～～～～～～～～～～～～～～～

遺 跡 名		遺跡	区遺跡 番　号		地図 ページ		受付者	
調査内容	発掘調査　立会　慎重工事　試掘・確認調査				東京都進達		月　　　日	
確認方法	試掘/立会(　　　)	相手方連絡日(　　　　)		連絡先				
重機提供	必要　不要	相手方連絡日(　　　　)		連絡先				
試掘方法	変更有(　　　　)	相手方連絡日(　　　　)		連絡先				

22 既存不適格建築物

（1）既存不適格建築物とは

　既存不適格建築物とは、建築当初は建築基準法およびこれに関する命令もしくは条例の規定に適合していたものの、その後、これら規定の変更により適合しなくなった建築物のことをいい、新法（規定変更後）の適用を除外しています。しかし、取り壊して新たに建物を建築する場合は、新法に適合するようにしなければなりません。

　担保評価でよく取り扱う既存不適格建築物は、用途地域内の用途制限に関するもの、容積率・建ぺい率制限に関するものが多く、そのほかには、防火地域内・準防火地域内の構造制限に関するものなどがあります。

図表 5 -68　既存不適格建築物

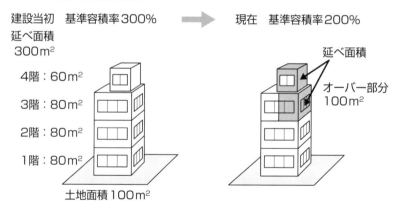

　図表 5 -68は、建築当初の基準容積率が300％であったものが、後日200％に変更され、対象建物の 3 、 4 階部分が既存不適格となってしまったケースです。

　既存不適格建築物は、現状の法規制で建てられる以上の建築物であるため、すなわち本ケースでは、本来容積率200％までしか建てられない

のに容積率300％の建物が建っているわけですから、既存不適格建築物が存する限りにおいて土地にとっては増価要因となります。なぜならば、例えば賃貸マンションであれば、現行法では得られないはずの3階の一部と4階部分の賃料収入が得られるからです。

　ここで注意しなければならないのは、建物の残存耐用年数です。まだまだ何十年も使い続けることができれば特に問題はありませんが、老朽化していてあと5年程度しかもたないといった場合、再建築する建物には現行法が適用されますので、超過収入は消え、増価要因はなくなってしまうということです。

　したがって、既存不適格建築物である現建物の残存耐用年数によって土地の増価の程度も変わるため、それに応じた土地価格の査定を行うということになります。

（2）既存不適格建築物の増改築

　また、既存不適格建築物は一定範囲で増改築ができます。増改築できる要件は既存不適格建築物の種類により異なりますが、一定の要件を満たせば基準時（既存不適格建築物が法に適合しなくなった時点）の床面積の1.2倍まで増築が可能です。

　なお、増改築をするためには、既存不適格建築物である旨を自治体の担当部署に登録しておく必要があります。

23　借地権

（1）借地権とは

　借地権とは、「建物の所有を目的とする地上権および土地の賃借権をいう」（借地借家法1条）とされており、文字通り、地上権と土地の賃

借権とがあります。そのイメージは**図表5-69**の通りです。

　地上権は物権で、土地所有者（地主）の承諾なしに、自由にその地上権を第三者に譲渡したり、地上権を担保に入れたり（地上権に抵当権を設定するなど）、自分が地上権を持っている土地を第三者に賃貸したりすることができ、登記請求権もあります。

　一方、賃借権は債権であり、譲渡・転貸は地主の承諾が必要とされ、登記請求権もありません。

図表5-69　借地権のイメージ

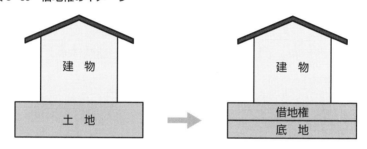

　このように、権利としては地上権のほうが賃借権より強いわけですが、地上権は借地人の権利が強すぎるがゆえに地主が地上権設定を避ける傾向があり、多くの場合は賃借権となっています。また、賃借権はあまり登記されることがないため、建物の登記があれば土地賃借権の登記がなくても借地権の効力を主張できるとされています（借地借家法）。

　なお、建物登記があり、建物に抵当権の設定登記がなされていれば、抵当権の効力は当該賃借権にも及ぶものとされています。

（2）借地権の評価

　担保評価における借地権の評価で一般に行われている方法は、借地権割合によるものです。これは、更地の評価額に近隣地域の借地権割合を乗じて借地権価額を算出します。

　ここで用いる借地権割合は、相続税財産路線価図や倍率表（以下、路

線価図等という）に記載されている借地権割合を使うことが多いですが、路線価図に記載されている借地権割合が必ずしも取引の際に適用される借地権割合とは限りません。担保評価の場合は路線価図等に記載されている借地権割合に対し、一定の補正が必要と思われます。

　筆者の場合、借地権の市場性の程度に応じて0％〜▲50％程度の補正を行います。

　一般的には、都心の商業地や住宅地では借地権に市場性が認められ、地方の郊外は市場性が見いだせない、というケースが多いでしょう。

　また、賃借権たる借地権の譲渡に際しては、地主の承諾にあたり譲渡承諾料が支払われることが一般的で、譲渡承諾料の額は借地権価額の10％程度とされることが多いようです。譲渡承諾料は借地権を譲渡しようとする者が支払いますので、借地権価額から譲渡承諾料を控除した額が借地人の手取り額となり、評価に際してもこの点を考慮します。

　なお、路線価図等に記載されている借地権割合は、賃借権たる普通借地権の割合ですので、地上権の場合は権利の強さ等を勘案し、10％程度上乗せするとよいでしょう。

（3）借地権評価の具体例

・対象地：200㎡
・土地単価：36万円
・借地権割合：70％

　東京都台東区の普通商業・併用住宅地域に存し、借地権建物の取引はそれほど多くはないものの、通常に行われている地域のため、借地権割合に▲10％の補正を施します。また、譲渡承諾料割合は10％とします。

借地権割合の補正　譲渡承諾料控除
@36万円×［70％×（1−0.1）］×（1−0.1）×200㎡≒4,080万円

図表 5-70　路線価図

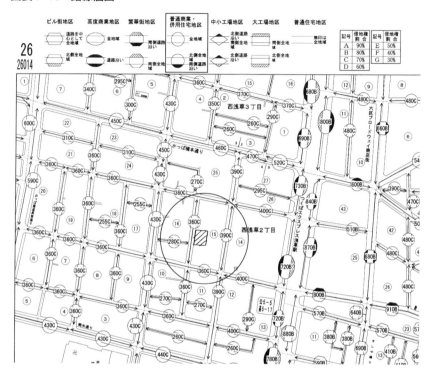

　図表 5-70は相続税路線価図です。図中の円で囲った部分を参考に、前述の具体例を作成しました。

　図のように各街路に細かく路線価が付されており、借地権割合なども分かります。ただし、前述の通り路線価図に記載されている借地権割合が必ずしも取引の際に適用される借地権割合とは限りませんので、そのことを踏まえた上で利用することが必要です。

　実際の借地権の売買では、図表 5-71の内容等の把握を行い、それにより売買価格が決定されます。また、底地権者次第で条件が大きく異なることがあり、それが売買価格にダイレクトに影響を与えるため、借地権の調査はより慎重に行う必要があります。

　図表 5-72は、土地賃貸借契約書です。参考までに掲載しておきます。

図表 5-71　委任状

委　任　状

　　私（野田友輔　成年後見人　弁護士　中野美穂子）は昭和アセットリサーチ株式会社を代理人と定め、末尾記載物件に関する下記調査の権限を委任致します。

記

①借地料・・・・・・・・・・・・・・・5,500円／月額
②名義変更料（譲渡承諾料）・・・・・＿＿＿＿＿＿円
③保証料・・・・・・・・・・・・・・＿＿＿＿＿＿円
④契約面積・・・・・・・・・・・・＿＿＿＿㎡（　　坪）
⑤借地図・・・・・・・・・・・・（図面の有無）
⑥借地期間・・・＿＿＿年＿＿月＿＿日～＿＿年＿＿月＿＿日
⑦条件変更料（立替承諾料）・・・・・＿＿＿＿＿＿円
⑧底地買取り価格（可能な場合）・・・＿＿＿＿＿＿円
⑨借入時の抵当権設定承諾書への捺印協力と印鑑証明の提供・・・・・（有・無）
⑩その他

上記①～⑩の件につき、売買に関する調査・手続きを委任致します。

令和　　年　　月　　日

【委任者】　住所　東京都千代田区神田須田町１丁目２番３号
　　　　　　　　　ファイン法律事務所
　　　　　　　　　野田友輔
　　　　　　　氏名　成年後見人　弁護士　中野美穂子　㊞

【物件名】
　　所　　在：台東区浅草１丁目231番地
　　家屋番号：231の25
　　種　　類：居宅
　　構　　造：木造瓦・亜鉛メッキ鋼板葺２階建
　　床　面　積：62.25㎡

以上

図表 5-72　土地賃貸借契約書

土 地 賃 貸 借 契 約 書

甲、　　株式会社　　　　　　　　を乙とし、両者の間に、下記のとおり、土地賃貸借契約を締結する。

第1条　甲は、その所有の下記土地を乙に賃貸し、乙は、普通建物所有の目的でこれを賃借する。

賃 貸 借 土 地

東京都　　　　　　　丁目　　番

34　平方メートル（　　坪 0 合 3 勺　　）

第2条　賃貸借期間は、平成 6 年 3 月 1 日から平成 36 年 2 月 28 日まで 30 カ年とする。

  1.　第2条に定める賃貸借期間が満了した時、乙は、甲の定める期間更新承諾料の支払をもって更新契約を要請することが出来る。

第3条　賃料は、1カ月　金　　　　　　　　　　　とし、乙は、毎月25日限り、その月分を甲またはその指定した者のもとに、持参して支払う。

第4条　前条の賃料は、公租公課の改定もしくは土地価格の昂低により、または比隣の土地の賃料に比し不相当となったときは、改定できる。

第5条　本件土地に関する公租公課は甲の負担とし、その他の本件土地の使用収益に必要な一切の費用は乙の負担とする。

第6条　乙は、次の場合には、あらかじめ書面により甲の承諾を得なければならない。

  1.　本件土地の形状に変更を加えようとするとき。
  2.　本件土地の土砂を他に搬出しようとするとき。
  3.　本件地上の建物譲渡し、またはこれに担保権を設定しようとするとき。
  4.　本件賃借権を譲渡し、または本件土地を転貸しようとするとき。
  5.　本件土地上に建物を建設し、または地上定物を改築もしくは増築しようとするとき。

第7条　乙は、本件土地内において、危険または衛生上有害その他近隣の妨害となる業務もしくは施設をしてはならない。

第8条　乙が本件土地の地形を変更したときは、明け渡しの際自費をもって原状に回復しなければならない。

  乙が前項の原状回復義務を怠ったときは、甲は乙の費用をもって任意にこれを遂行することができる。

第9条　下記の場合には、乙の賃借権は賃貸借期間満了前でも当然消滅する。

  1.　本件土地が公用により収用または使用されもしくは使用の制限を受け、賃貸借の目的を達することが不能となったとき。
  2.　本件土地上の建物が朽廃したとき。

第10条　乙において下記各号の1に該当したときは、甲は、催告を要しないで、何時でも直ちに、この契約を解除することができる。

  1.　第3条に定めた賃料を期日に支払わないとき。
  2.　他の債務のため財産の差押、仮差押、仮処分等を受けもしくは競売、破産等の申立を受けたとき。
  3.　その他この契約の各条項に定めた乙の義務に違反したとき。

第11条　第9条または第10条により、乙において本件土地明け渡し事由が生じたときは、甲は直ちに本件土地の明け渡しを請求することができる。

  前項の場合、乙は地上物件一切を収去して本件土地を明け渡し、甲に対してなんらの請求もしないものとする。

第12条　第10条により、この契約が解除されたときは、乙甲に対して、解除の日以後地上物件を収去して土地を明け渡しまでの期間中、賃料の3倍に相当する損害金を支払うものとする。

第13条　保証人は、第3条および第12条の支払につき、乙と連帯して、履行の責に任ずるものとする。

  この契約成立の証として、本書2通を作成し、署名捺印のうえ、甲と乙は各1通を保有する。

平 成 ◯ 年 ◯ 月 ◯ 日

（甲）

（住　所）

（乙）

（住　所）

（連帯保証人）

24 底地

（1）底地とは

　底地とは借地権が設定されている土地のことをいいます。

　土地の所有権は所有者に帰属していますが、利用権は借地権者に帰属し、所有者（底地人）は自分の土地を自由に使うことができないわけです（譲渡や抵当権の設定は可能）。

　借地権は借地借家法の保護のもと、強い権利として存在し続け、存続期間が満了したとしても、借地権者が契約の更新を請求する限り、地主は正当事由があると認められなければ更新を拒むことができません。

　また、底地の価値は地代徴収権に基づくものですが、地代が低廉な場合は価値としては低くならざるを得ず、市場性としては低い場合が多いでしょう。

　このように、底地は利用権の制限と地代の低さにより市場性に問題がある場合が多いので、保守的に評価せざるを得ないのです。

　なお、担保土地の一部に他人の借地権が設定されている場合、つまり、担保土地の一部を他人に貸している場合には、借地権設定契約書に記載されている借地権の設定範囲を確認し、設定範囲について底地評価を行うことになります。

　広大な一筆の土地の全体が借地契約の対象となっているものの、借地人の所有する建物はそのうちの一部分にしかなく、しかもほかの部分は未利用の場合であっても、借地権の及ぶ範囲は当該一筆全体と考え、一筆全体を底地評価とするのが安全性の見地から妥当かと思われます。

　底地と借地権の関係は図示すると**図表 5-73**の通りです。

　概念的には、更地価格が借地権価格と底地価格に分かれますが、借地権と底地は各々単独では、図表 5-73のような概念の価値のまま取引されることはなく、借地権は前述したように評価の過程で補正がなされ（借

地権の項参照）、底地も単独での評価は補正されますので、各々の単独の価格を合計しても更地価格とはならないわけです（**図表5-74**）。

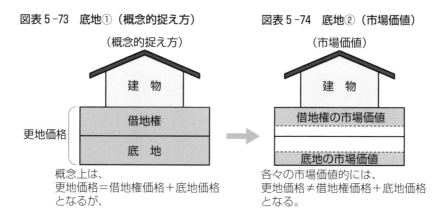

図表5-73　底地①（概念的捉え方）

（概念的捉え方）

建　物

借地権

更地価格

底　地

概念上は、
更地価格＝借地権価格＋底地価格
となるが、

図表5-74　底地②（市場価値）

（市場価値）

建　物

借地権の市場価値

底地の市場価値

各々の市場価値的には、
更地価格≠借地権価格＋底地価格
となる。

（2）底地の評価

　底地の評価は割合方式によるのが一般的ですが、その割合が路線価図等に記載された借地権割合を控除した割合（例えば、借地権割合が60％の場合、これを100％から控除した40％）をもって底地割合とし、これを更地価格に乗じて底地価格を算出しているケースが多いのが現状です。しかし、底地は第三者間で取引されることが少なく、市場性の観点から担保不適格といわざるを得ません。

　したがって、評価する場合には、地域の借地権割合を控除して得た底地割合に▲20％～▲50％程度の補正を施し、これを更地価格に乗じて算出することが必要となるでしょう。また、金融機関によっては、底地はすべて更地価格の10％としているところもあるようで、かなり保守的なスタンスに立っているといえます。

（3）底地評価の具体例

　　・対象地：200㎡
　　・土地単価：36万円

・借地権割合：70％

・底地の補正率▲50％

$$@36万円 \times \underset{底地割合}{[1-0.7]} \times \underset{底地の補正率}{(1-0.5)} \times 200㎡ = 1,080万円$$

　前項（23. 借地権）における借地権価格が4,080万円でした。この土地の更地価格は36万円×200㎡＝7,200万円ですが、借地権価格＋底地価格＝5,160万円であり、更地価格より大幅に低い価格となっています。

（4）地代徴収権に基づいた底地評価の考え方（収益還元法）

　この場合は年額地代に基づく収入から費用を控除して純収益を求め、この純収益を還元利回りで還元して求めます。

・対象地：200㎡

・地　　代：年150万円

・借地上の建物は店舗とする。

・総収入：150万円

・総費用：60万円（固定資産税・都市計画税）

・純収益：90万円

・還元利回り：9％

・底地の収益価格：1,000万円

　これはあくまで考え方であり、底地の還元利回りは事例も少なく査定が非常に難しいので、適用する場合は不動産鑑定士などの専門家に相談するとよいでしょう。

25 定期借地権と底地

（1）定期借地権とは

　通常の借地権（普通借地権）は、期間が満了しても地主が正当事由を有する等の要件を満たさなければ、更新を拒絶できません。

　この正当事由はなかなか認められないのが現状であり、そのため、地主は半永久的に土地を取り戻すことができないことも多く、このような理由から新規に借地権を設定する地主が少なくなり、土地の有効活用が図れなくなってきていました。

　そこで借地借家法において、契約満了時に必ず土地が返還される借地権である定期借地権が創設されたのです。

　定期借地権には、「一般定期借地権」「事業用定期借地権」「建物譲渡特約付借地権」の３種類があり、主な内容は**図表 5 -75**の通りです。

　また、定期借地権のイメージは**図表 5 -76**の通りです。定期借地権は期限の定めがあることなどから、一般的に普通借地権と比べて価値は低いものと考えられています。また、原則として更新がないため、契約期間満了時に近づけば近づくほど価値が減少していきます。

　担保評価において近年増加しているのが事業用定期借地権付建物です。ロードサイド店舗が中心で、コンビニエンスストア、ファミリーレストラン、衣料物販店など、建築コストもあまりかからず、比較的短い事業期間で投下資本を回収する事業者の店舗展開に活用されています。

　地主としても、一般定期借地権のように長期間の拘束を受けないこともあり、また、事業者から得られる地代もかなりの水準が期待できることから、事業リスクの少ない土地活用として認められているようです。

　個々の定期借地権は、設定期間、地代の額、保証金等の一時金の有無等の組み合わせにより個別性が強いものとなるので、評価にあたっては賃貸借契約書の読み込みが必須となります（**図表 5 -77**）。

図表 5-75　定期借地権の種類

	一般定期借地権	事業用定期借地権		建物譲渡 特約付借地権
根拠条文	借地借家法22条	借他借家法 23条 1 項	借他借家法 23条 2 項	借地借家法24条
存続期間	50年以上	30年以上 50年未満	10年以上 30年未満	30年以上
利用目的	用途制限なし	事業用建物所有に限る （居住用は不可）		用途制限なし
契約方法	公正証書等の書面 で行う	公正証書による設定契約をする		制約なし、 口頭でも可
内　　容	①契約の更新をしない ②存続期間の延長をしない ③建物の買取請求をしない という 3 つの特約を付ける	契約の更新、期間の延長、建物買取請求権に関する規定が自動的に排除される		30年経過した時点で建物を相当の対価で地主に譲渡することを特約する
借地関係 の終了	期間満了による			建物譲渡による
契約終了 時の建物	原則として借地人は建物を取り壊して土地を返還する			①建物は地主が買い取る ②建物は収去せず土地を返還する ③借地人または借家人は継続して借家として住まうことができる

図表 5-76　定期借地権とは

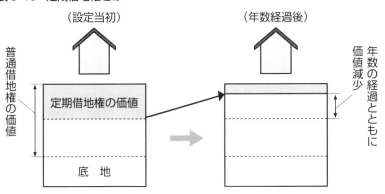

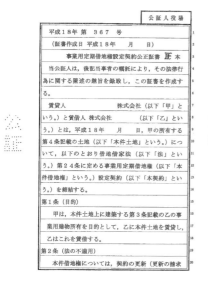

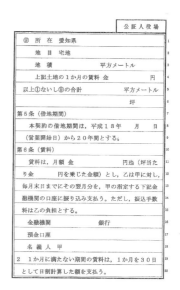

（２）定期借地権の評価の考え方

　定期借地権の価値は、期間の経過とともに価値が減少すること、建物の用途が限定されること、更地化して返還する必要があることから、普通借地権と比較して市場性が低いことが考えられます。よって、借地権割合に定借減価率を用いた補正を行います。

　定借減価率は以下の数値を参考にします。

　設定期間が10年以上30年未満：▲50％～▲100％

　設定期間が30年以上50年未満：▲30％～▲100％

（参考：別冊判例タイムス30：競売不動産評価マニュアル）

（３）定期借地権評価の具体例

　・定期借地権の内容：期間20年の事業用定期借地権、残存期間10年、地代の額および敷金の額は標準的、地域の借地権割合は60％

　・土地単価：10万円

・地積1,000㎡

・定借減価率は▲75％、譲渡承諾料割合は10％とする

＠10万円×60％×（1－0.75）×（1－0.1）×1,000㎡＝1,350万円

　この場合、普通借地権の借地権割合60％に対し、事業用定期借地権の借地権割合は60％×0.25＝15％となっており、価値率が低いことが分かります。

　また、この場合の定借減価率は、事業用定期借地権設定時で▲50％、契約期間満了時で▲100％と考えます。本件では10年経過しており、ちょうど契約期間の半分経過した段階のため、▲75％と査定しています。

　なお、契約満了時の借地権価格はゼロということになります。

（4）定期借地権の付着した底地

　定期借地権の付着した底地は、定期借地権自体の価値が普通借地権より低いことから、普通借地権の付着した底地より価値は高いものとなります（図表5-74）。また、定期借地権の価値減少と反対に、年数の経過とともに底地の価値は増加することになります。

　特に事業用定期借地権の場合は、地代が比較的高い場合が多く（これは地代が相場よりも店舗の賃料負担率に基づき決定されることが多いためと考えられる）、収益還元法を適用すると、取引事例比較法から求めた更地価格を超えてしまうこともあります。

　このような場合、考え方としては大変難しいのですが、利用権は制限されるものの契約期間中は高額の地代収入が得られますので、更地より価値が高くてもよいのではないか、という意見もあります。

　しかしながら、担保評価は即時処分時の換価性を考えなければいけないため、期間の定めがあるとはいえ借地権の独占的利用権的性格や、地代が支払われなくなるリスクも考慮し、価格を求める必要があります。

　よって、本項のケースでいえば、更地価格100％から事業用定期借地権割合15％を控除した85％を上限とし、そこから市場性等に基づく減価

を検討することが妥当と思われます。

26 民法上の賃借権

　民法上の賃借権とは、建物所有を目的とするもの以外の土地賃貸借契約に基づく権利をいい、借地借家法（旧借地法を含む）の適用を受けない土地の賃借権のことです。

　第三者への対抗要件は登記ですが、登記されてない場合が多いように思われます。期間は当事者の契約によって定まりますが、民法により最長20年に制限されています。

　対抗力がある賃借権の付着した土地の場合は、契約の内容、存続期間、更新の可能性、利用の態様、撤去の容易性等を考慮して借地権割合の範囲内で減価を行います。対抗力のない賃借権が付着した土地の場合は、当該賃借権の権利性よりも構築物を物理的に撤去するという経済的負担を減価の対象として把握することになるため、それを考慮した補正を行うことになります。

　最近話題のメガ・ソーラー設備（ソーラーパネル、発電用設備など）を、土地を賃借して設置する場合、これらの設備は建物ではありませんので借地借家法の適用はなく、民法上の賃借権と考えられます。よって「民法上の賃借権が付着した土地」としてとらえ、本ケースに記載した考え方を参考に補正を行うことが妥当と思われます。

　民法上の賃借権から話はそれますが、所有地にメガ・ソーラー設備が設置されている場合の土地の評価も、それらの設備を物理的に撤去するという経済的負担に基づく減価を土地価格から控除する方法が、特に担保評価においては有用です。

　メガ・ソーラー設備とその敷地をひとつの事業体として捉えれば、現

図表5-78　自走式立体駐車場

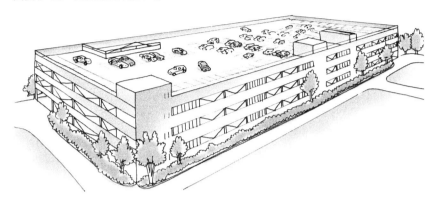

図表5-79　補正率表

使用状態	補正率	撤去の容易性
資材置き場、モデルルーム	0％～10％	1年から数年にわたる使用
露天駐車場	0％	解約随時
自走式立体駐車場	0％～20％	構築物あり、数年単位の利用
ゴルフ練習場、テニスコート	0％～10％	構築物の有無、契約内容考慮

参考：別冊判例タイムズ30・競売不動産評価マニュアル第3版

状では買取り制度により一定のキャッシュフローを生み続けることか
ら、それなりの価値が見いだせるようにも考えられます。

　しかし、もともとは交通アクセスの悪い山間の未利用地や、用途がな
く今まで放置されてきた広大な未利用地などに設置されているわけです
から、万が一デフォルトしたときのことを考えると、土地単体としては
従来通りの価値による把握をし、そこから撤去費用を控除した価格を担
保価値として把握することが妥当でしょう。

　一方で、投資家目線から見れば、従来通りの価格より高い価格を支払
っても採算が合うのであれば、未利用地等の従来の価格水準より高い価

格で購入することは十分に考えられます。

　私見ですが、メガ・ソーラーは設備がキャッシュを生む、すなわち、土地の収益力というよりはその場所に置いておけば設備がお金を生んでくれるというものなので、土地に帰属する部分は少ないのではないかと思います。しかし、その土地がなければ設備の設置もできず、また土地の存する地域によって収益を生む日照時間の長さが異なるため、土地も重要な要素であり判断が難しい問題でもあります。

　さらには、土地に限らず、工場の屋根などにも設置されているため、そういった場合の担保価値の考え方は今後の課題です。

27 法定地上権

（1）法定地上権とは

　競売にあたり法定地上権が成立すると、法定地上権価額相当分が土地からの配当から減額されることになります。よって、法定地上権の成否は抵当権者にとって重要な問題といえます。

　土地と建物が別々の者に競落されると、建物所有者は土地に対して何らかの利用権原がないと、土地所有者からその建物を除却されてしまい

図表5-80　法定地上権のイメージ

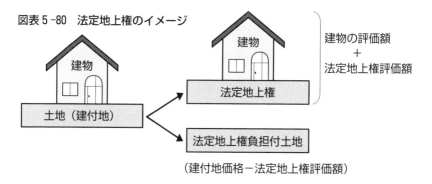

ます。また、我が国では、あらかじめ自分の土地の上に自分のために利
用権を設定しておくこと（自己借地権）は原則として禁止されているた
め、法定地上権が創設されました（**図表5-80**）。

　これは、建物の存続および建物の利用権の保護という社会的要請であ
り、法定地上権は土地の利用権と抵当権を調整する機能を有しています。
〈民法388条　法定地上権〉

　土地およびその上に存する建物が同一の所有者に属する場合におい
て、その土地または建物につき抵当権が設定され、その実行により所有
者を異にするに至ったときは、その建物について地上権が設定されたも
のとみなす。

　地代は当事者の請求により裁判所が定める。

（2）法定地上権の成立要件

　法定地上権の成立要件は次の通りです。
　　a.抵当権設定当時、土地の上に建物が存在していること
　　b.抵当権設定当時、同一人が土地・建物を所有していること
　　c.土地・建物の一方または双方に抵当権が設定されていること
　　d.競売の結果、別々の所有者に属することになったこと

　法定地上権の成立要件のうち、a～cまでの要件がすでに備わってい
る場合、これを「法定地上権が潜在化している状態」といい、これにd.
の要件が具備されると法定地上権が顕在化することになります。

　法定地上権は、土地建物双方に抵当権が設定されている場合、すなわ
ち共同抵当権の場合でも要件を満たせば成立します。

　共同抵当の場合、処分の容易さや経済的価値等の理由から、競売にあ
たっては土地・建物が一体処分されることがほとんどですが、その配当
は法定地上権が顕在化していなくても、土地は「建付地価格から法定地
上権価額相当額を控除して」、建物は「建物価格に法定地上権価額相当
額を加算して」なされます。

したがって、土地・建物双方の抵当権の順位が同順位であれば問題はありませんが、順位が異なっている場合は、配当に影響を受けることになります。

　なお、法定地上権が潜在化しているかどうかは、第一順位の抵当権により判断されます。第一順位抵当権の判断および法定地上権の潜在化の判断手順は次の通りです。

　　a．土地・建物それぞれの登記簿の乙区欄を比較し、設定年月日が最も早いものを第一順位の抵当権とします

　　b．第一順位の抵当権が土地にある場合、建物登記簿の新築年月日と比較し、建物の新築年月日が早いことを確認します

　　c．第一順位の抵当権が建物にある場合、抵当権設定当時、土地の上に建物が存在していることになります

　　d．第一順位の抵当権の設定当時に、土地・建物の所有者が同一であることを登記簿より確認します

　なお、法定地上権は建物が登記されていることを要件としないので、未登記建物であっても法定地上権は成立します。未登記建物が存する場合は、固定資産課税台帳に当該未登記建物の建築年月日が掲載されている場合があるので、所有者から提示を受けることにより確認することができます。

（3）法定地上権の評価

　法定地上権も借地権であり、しかも地上権のため地主の承諾を得なくても譲渡が可能であり、登記請求権も有します。その点で賃借権たる借地権よりも強い権利であるといえます。したがって、法定地上権相当額の評価は借地権の評価に準じて行い、賃借権たる借地権割合に10％程度加算した割合を法定地上権割合とすることが妥当と思われます。

＜一括競売＞

　民法389条１項は「抵当権の設定後に抵当地に建物が築造されたとき
は、抵当権者は、土地とともにその建物を競売することができる。ただ
し、その優先権は、土地の代価についてのみ行使することができる。」、
そして同条２項は「前項の規定は、その建物の所有者が抵当地を占有す
るについて抵当権者に対抗することができる権利を有する場合には、適
用しない。」と、一括競売について規定しています。

　土地所有者は、その所有する土地に抵当権の設定を受けても、その土
地を自由に使用収益することができます。すなわち、抵当地上に建物を
建て、それを賃貸することもできるわけです。

　しかし、土地に抵当権を設定した当時、建物は存在しないため、法定
地上権の成立要件を満たさず、競売にあっては抵当地上の建物は土地上
に存在するための存立権限を有せず、除却される運命にあります。すで
に朽廃寸前の建物であれば問題ありませんが、まだ新築直後であるなど、
十分に利用可能な建物が取り壊されることになるのは社会経済的損失が
大きいため、一括競売の制度が設けられました。

28 未登記増改築・未登記建物

（1）付加物、付合、従物とは

　まず、民法における付加物、付合、従物の概念を整理します。

・付加物（民法370条）

「抵当権は、土地を目的とするものである場合は、その土地に付属して
土地と一体をなしている物（石垣など）にも及び、建物を目的とするも
のである場合には、その建物に付属して建物と一体をなしている物（建
物の造作など）にも及ぶ」という規定で、抵当権設定の先後に拘らず抵
当権の効力が及ぶとされています。例外はありますがここでは省略しま

す。

・付合（民法242条）

　付合物にも原則として抵当権の効力が及びます。付合物とは「不動産に従として付合した物」ですが、抵当不動産に付合される物は、付合によって抵当不動産の構成部分となって独立性を失い（社会観念上不動産の構成部分をなすに至った場合）、抵当不動産の所有権に吸収されるとみられるので、この付合物が付加物に含まれることには異論がありません。付合する時期は、抵当権設定の前でも後でもその効力に差異はなく、抵当権設定後に付合した物であっても抵当権の効力が及びます。

・従物（民法87条）

　従物とは主物（抵当不動産）の経済的効用を助けるために主物に付属された物ですが、従物は主物の一部分になるのではなく、主物とは別の物でありながら、主物とともに処分されます。よって、従物にも主物に設定された抵当権の効力が及ぶものと解されています。

　トイレや物置などの付属建物は主たる建物の従物とみられます。**図表5-81**のように物置、車庫、トイレといった既登記建物の居住者の生活に必要な建物であり、客観的に見て既登記建物との関連性が強い場合には従物と判断される可能性が高いようです。ただ、付属建物が独立して一個の建物として登記されると抵当権の効力は及ばなくなります。

図表5-81　未登記増改築・未登記建物

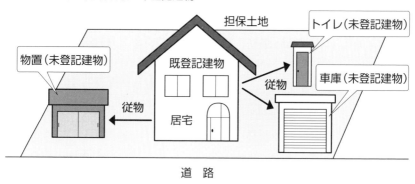

　たとえば、倉庫、寄宿舎など、ある程度の規模があり、用途的に主たる建物として登記することも可能な未登記建物の場合は要注意です。

　抵当権設定当時に存在していた従物にその効力が及ぶことについては、判例・通説とも異論はありません。通説が抵当権設定後の従物についてもその効力が及ぶとするのに対し、判例は必ずしも明確ではないようです。

　整理すると、増改築された部分が元々あった建物と一体となってしまえば抵当権の効力は及び、付属建物にも抵当権の効力が及ぶ、ということが基本的な考え方です。

（2）未登記増改築の評価

　未登記増改築部分については、それにより既存登記建物の床面積が増加することが多いので、増加した面積を評価対象に含めるか否かを検討する必要があります。筆者の経験では、保守的な見地から、増加した面積を記載したうえで評価数量には含めない、というケースが多いように思われます。未登記増改築部分の面積・形態等の確認は、容積率・建蔽率制限等の建築基準法等の形態規制に違反していないかを確認するためでもありますので、可能な限り慎重に行うことが大切です。

（3）未登記建物の評価

　未登記建物の独立性がなく、既存登記建物の従たる建物と認められる場合（付属建物と考えられる場合）は、既存登記建物に設定した抵当権の効力は従たる未登記建物に及ぶことになります。

　従物の項でも指摘しましたが、「付属建物が独立して一個の建物として登記されると抵当権の効力は及ばなくなってしまう」ため、既登記建物との経済的一体性に少しでも疑義を感じるのであれば、保守的な見地から既登記建物の抵当権の効力は及ばないと考え、法定地上権または第三者の敷地利用権が潜在化していることを前提とした評価スタンスを取

るべきでしょう。

この場合の土地（未登記建物の敷地）の面積は、実務的には建築面積を建ぺい率で割り戻す「建ぺい率割戻し法」をよく利用しますが、この方法では、法定地上権等の及ぶ土地の部分が接道義務を満たしているかどうか、形状はどうかなど具体的に判明しないため、不正確とならざるを得ません。よって、場合によっては担保不動産に内在するリスクとして物件全体の価格から一定割合を減価する必要も出てきます（**図表5 -82**）。

図表 5 -82

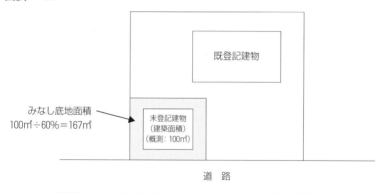

建ぺい率：60%　　　敷地全体面積：500㎡　　　土地単価：10万円／㎡

未登記建物がなければ…10万円×500㎡＝5,000万円

未登記建物が存し、みなし底地評価をすると…
底地割合：30%（すなわち、借地権割合：70%）として
　　　　　既登記建物の敷地部分
　　　　　10万円×（500－167）㎡＝3,300万円
　　　　　みなし底地部分
　　　　　10万円×30%×167㎡＝501万円
評価額合計：3,300万円＋501万円＝：3,831万円
※1,169万円の評価減！

（4）建築面積の求め方

建築面積の求め方は、固定資産税課税台帳がある場合にはそれにより建築面積の確認ができ、また対象地内に立ち入ることができれば巻尺等

で実測することができます。しかし、資料の入手が不可能な場合や、立入が不可能な場合もあるため、そのような場合は地図上等で概測することになります。

　未登記建物の形態等の確認は、法定地上権等の及ぶ土地の範囲を推測するのに役立つほか、未登記増改築同様に、容積率・建ぺい率制限等の建築基準法等の形態規制に違反していないかを確認するためでもあります。

　なお、未登記建物であっても、競売の結果土地と建物が別々の所有者に属することとなった場合には、当該未登記建物のため法定地上権が成立する場合があります。

●著者プロフィール●

神山大典（かみやま だいすけ）

昭和40年生まれ。栃木県足利市出身。
昭和61年明治大学文学部史学地理学科中退。
平成12年　株式会社三友システムアプレイザル入社
平成16年　不動産鑑定士登録
平成30年　株式会社九段経済研究所代表取締役
令和3年1月　昭和アセットリサーチ株式会社代表取締役
不動産鑑定士、MRICS、宅地建物取引士

著　書「不動産担保評価額算出マニュアル」経済法令研究会（2017年）
連　載「担保評価の実務と基礎知識」、「事業再生と鑑定評価」：『月刊不動産
　　　鑑定』住宅新報社
趣　味 トライアスロン、落語

〈三訂版〉
金融マンのための
担保不動産の見方・調べ方

2015年6月12日　初版発行
2021年8月24日　三訂初版（通算第6刷）

著　者————神山　大典
発行者————楠　真一郎
発行所————株式会社近代セールス社
　　　　　　〒165-0026　東京都中野区新井2-10-11　ヤシマ1804ビル4階
　　　　　　電　話　03-6866-7586　ＦＡＸ　03-6866-7596
印刷・製本———株式会社アド・ティーエフ
装丁・イラスト—設樂みな子

ISBN978-4-7650-2312-2